U0839307

江西地域文化与现代设计

肖丽 著

山东大学出版社

前　言

江西素有“物华天宝，人杰地灵”之称，自古人文鼎盛。多年来，国内有关专家学者对江西的历史文化以及地方特色的现代设计进行了大量研究并取得了令人瞩目的成果，一批高质量的专著、丛书等陆续出版。然而，至今尚无一本短小精干、雅俗共赏的普及江西地方特色文化的现代设计读物面世。这在今天这个快节奏的“快读”时代，不能不说是一个遗憾。

笔者以江西各区域的传统、民俗文化为基础，以现代工业产品设计为媒介，通过“江西苏区公共户外家具环境协调性设计研究”“江西城市公共设施产品地域文化特性研究”两课题的研究，于2014～2019年期间，前往江西苏区各地（井冈山、南昌市、瑞金市、兴国县等）以及鄱阳湖、广昌县、石城县、婺源、景德镇、鹰潭市、中国风水第一村——三僚村、庐山、南昌西汉海昏侯墓、江西省博物馆等地，针对各区域特色文化展开了翔实的调查和研究；运用解构设计理念和克里斯蒂娃的解析符号学方法，提炼各区域特色文化符号、考量符号的能指与所指、并结合一线教学活动和实践操作，取得了较丰富的研究成果，包括学术论文、作品专利、竞赛获奖和相关子课题等，创新性地继承与发展江西各区域特色文化。

本书兼具学术性与普及性，不仅适用于对广大青少年进行江西历史文化的普及性教育，也可作为设计学科的专业参考书籍，亦能为喜爱江西文化的各界人士提供翔实的知识。

作者

2019年6月于南昌

目 录

第一章 江西地域文化的发展历程 …………………………………………… (1)

第一节 从“万年”到“豫章” …………………………………………… (1)
第二节 “江”:江西的地域文化名片 ………………………………… (5)
第三节 经济重心的南移 ………………………………………………… (8)
第四节 近代的蛰伏与警醒 …………………………………………… (14)

第二章 江西地域的民生文化 ………………………………………………… (17)

第一节 万年稻与《禾谱》 …………………………………………… (17)
第二节 《茶经》与浮梁茶 …………………………………………… (21)
第三节 “瓷都”与陶瓷文化 ………………………………………… (24)
第四节 药都与养生文化 ……………………………………………… (27)
第五节 《天工开物》与矿冶、造纸文化 ………………………… (30)

第三章 江西地域文化与城市设计 ……………………………………… (36)

第一节 城市形态与空间结构设计 ………………………………… (36)
第二节 城市中心区的设计更新与发展 ………………………… (60)
第三节 地域文化与城市景观设计 ………………………………… (80)
第四节 地域文化与城市广场设计 ………………………………… (96)
第五节 江西地域文化与城市公共设施 ………………………… (99)

第四章　江西红色文化与户外家具设计 …………………………（110）

第一节　江西——一片令人心生敬畏的"红土地" …………………（110）
第二节　户外家具概述 …………………………………………（111）
第三节　户外家具设计原则与环境营造 ……………………………（112）
第四节　江西苏区户外家具色彩元素表现 …………………………（115）
第五节　江西红色文化与智能户外家具产品的融合 …………………（119）

第五章　海昏侯文化与现代家居产品设计 ………………………（123）

第一节　海昏侯国遗址文化价值分析 ……………………………（123）
第二节　海昏侯元素在现代家居产品中的创新运用 …………………（126）

第六章　景德镇陶瓷文化与产品包装设计 ………………………（131）

第一节　包装设计的新局面 ……………………………………（131）
第二节　景德镇日用陶瓷包装设计的现状 …………………………（133）
第三节　景德镇日用陶瓷包装再设计 ……………………………（135）

第七章　设计作品解析 …………………………………………（143）

第一节　红色文化与城市环境设施产品设计 ………………………（144）
第二节　海昏侯文化与家居产品设计 ……………………………（152）
第三节　江西莲文化与家具设计 …………………………………（159）
第四节　鄱阳湖候鸟文化与景区智能垃圾桶设计 …………………（161）
第五节　婺源甲路油纸伞文化与多功能产品设计 …………………（163）

主要参考文献 ……………………………………………………（167）

第一章　江西地域文化的发展历程

第一节　从“万年”到“豫章”

一、远古时代江西先民的文化遗存

1988 年，江西省安义县一位青年工人胡贤钢，在县城北郊捡到一枚类似于手斧状的石块。经过与相关考古图录的认真比对，酷爱文物的胡贤钢认为，自己捡到的这枚石块应该是旧石器时代的石器。为了弄清这枚石块的来历，胡贤钢带着石块北上，来到中国科学院古脊椎动物与古人类研究所，从而拉开了揭示江西境内迄今所知的最早的人类活动遗址的考古序幕。

中国科学院古脊椎动物与古人类研究所、江西省文物考古研究所和当地文物工作者经过野外调查，获取了旧石器时代中期的石制品 40 件，此后又在新余发现同一时代的各类制品 49 件。推论其时代，此类制品距今约 4 万～5 万年，表明那时江西境内已有了人类活动。

在安义发生这个故事之前，20 世纪 80 年代初，万年县一位爱好文物的青年在大源盆地小河山的脚下，发现了一处神秘的石灰岩溶洞，深达百米。当地人们一直传说此地乃仙人的住所，称其为“仙人洞”，“文化大革命”期间一度被用来存放备战备荒物资。但是，这位青年觉得这个仙人洞的洞口有些古怪，并且将这个想法告诉了他的朋友、万年县文化局的王炳万。王炳万根据自己多年的工作经验，认定这应该是一处古人类活动遗址。两位年轻人立即将这一线索提交给江西文物考古所。经过以彭适凡教授为首的江西考古学者的发掘，这里被确认是一处新石器时代人类活动遗址。而且，在仙人洞西面约 800 米，还有一处遗址，是一巨大岩石风化后留下的通透式岩棚，内顶弧酷似木桶的吊环，考古工作者称其为“吊桶环”。在“吊桶环”下面的土层中，不但出土了新石器时代的石片，还出土了动物牙齿、骨头的化石。

随后，江西省考古队，特别是由北京大学严文明教授和美国学者马尼士博士率领的中美联合考古队经过多次发掘，取得了震惊世界考古界的发现。原来，万年县大源盆地的仙人洞和吊桶环在1万年前曾是旧石器时代晚期到新石器时代早期古人类居住地和活动区。

距今5000年的传说中的炎黄时代，随着中原的“华夏”南下，黄河、长江两大流域的人口与经济、文化的交流不断加强。随着中原“华夏”势力的扩大以及与周边地区联系的加强，江西地区氏族社会的解体和阶级社会的产生成为趋势，进入文明社会的进程开始加速。

商周陶范铸铜技术的传入，大大推进了江西地区青铜铸造技术的发展，使江西成为江南地区著名的“青铜王国”，在南方地区的古代文明史上写下了辉煌的一页。较有代表性的一系列考古发现，向我们展示了江西在那个时代的进步。

位于樟树市吴城乡的吴城文化遗址，是目前南方地区发现的规模最大、出土文物最丰富的商周文化遗址，面积约为61万平方米。遗址上有城垣，城内有房址、陶窑、墓葬等。城址外亦有墓地，出土遗物主要为陶器、原始瓷器和石器等。遗存可分为三期，约相当于二里冈时期至殷墟时期。吴城可能是商代长江中下游地区某方国的中心城邑。

位于瑞昌市夏畈镇铜岭的矿冶遗址，规模庞大，采用了目前所知的那个时代最为先进的开采技术、选矿技术和冶炼技术，是目前中国发现时代最早的矿冶遗址。其出土遗存的年代从商代中期一直延续到战国时期，保存之完整，内涵之丰富，极为罕见。瑞昌矿冶遗址的发现，不仅将我国采铜历史向前推了300多年，还揭示了我国青铜文化的独立起源，为中国青铜文化圈的概念和商周时期铜料的来源提供了新的佐证。

二、从“吴头楚尾”到“楚地”

在政权建设方面，江西不仅落后于中原，也落后于同处长江流域的荆楚和吴越。春秋战国时期，南方主要有三个较大的诸侯国：吴、越抗衡于江西东北，楚国雄踞于江西的西北。三个政权之间，既有国家之间经济文化的交流，也有因为争夺人口、扩大势力的长年鏖战。江西北部处于三力的交接地带，因而也被卷入三国角逐的旋涡。

总体来说，春秋时期，江西鄱阳湖以西地区大抵属楚，以东则属吴。到了春秋后期，伍子胥和孙武率领的吴军西进，尽占江南楚地；江西西部乃至中部的一些地区，也被纳入吴国的势力范围。但是，楚国迅速复兴，势力重新进入江西。鉴于这样一种独特的政治态势和地理位置，后来人们把江西称为“吴头楚尾”。

然而，到公元前473年，吴因为越国所灭，越国尽取吴地，原属吴国势力范围的江西东北部及中部部分地区，被纳入越国的势力范围。如果按“吴头楚尾”的说法，这一时期的江西应该是“越头楚尾”了。

战国后期，楚国受西部强邻秦国的挤压，中心向东部转移，并且灭了越国。这样，江西北部和中部便由“吴头楚尾”“越头楚尾”，变成了“楚地”，但是在很长的一段时间里，江西人被称为“越人”，因为直到三国时期的吴，江西人口的主要部分，都被北方称为“山越”，就像北方人称整个东南方的土著民为“古越”或“百越”一样。

当然，无论是“吴头楚尾”还是“越头楚尾”，无论是“楚地”还是“越人”，都反映了江西在春秋战国时期的实际地位：既是吴、越、楚，但又只是吴、越、楚的边缘地带。比起春秋战国时期的一些发达地区，如以今临淄、曲阜为中心的齐鲁，以今洛阳、邯郸、开封为中心的中原，以今苏州、绍兴为中心的吴越，以今重庆、成都为中心的巴蜀，以今咸阳为中心的关中，以今太原、临汾为中心的三晋，乃至以今荆州为中心的江陵，江西都稍显薄弱，均颇有不如。

但是，吴、越、楚三国之间的相互征伐，也加速了荆楚、吴越两大文化体系在江西地区的渗透与融合，使得江西文化表现出兼收吴越、荆楚的特色。由于楚人、越人及中原华夏族的不断迁入，与江西境内的古越民族交流融合，促进了江西地区的民族融合的过程。直到现在，楚国的国姓“熊”，仍是南昌乃至江西北部的大姓；而江西的北部和中部一些地区，仍呈现出“楚风”或“越风”之韵，这也是地域文化融合留下的痕迹。而在江西中部以南的广大地区，此时大抵上属“无政府”地带，这里既人烟稀少，也聚族而居，可谓是真正的“世外桃源”。

三、历史性建郡：豫章

秦灭六国，建立了中国第一个统一的多民族国家。江西地区也随着楚国的灭亡而并入秦国的版图。统一中国之后，秦始皇废除分封制，推行旨在强化中央集权的郡县制，在全国范围内设置了36个郡（后增加到48个郡）。如今江西境内的大部分地区属于九江郡。

“九江郡”的郡治其实并不在今日江西的九江，而是在安徽的寿县，当时称“寿春”。其辖境范围涉及今安徽、河南、湖北、江西四省，包括今安徽、河南淮河以南、湖北黄冈以东，以及除了东北、西北之外的几乎江西全境。安徽、江西为九江郡的主体，其中又以江西面积最大。但是，九江郡的郡治寿春，远在淮南，对江西而言可以说是“鞭长莫及”。

当时的江西境内，不但无郡治，也很少设县，比较确定的只有番阳和庐陵二县。可见刚刚统一全国的秦朝，对于“楚地”江西的认识尚少。没有被纳入九江郡的江西东北一部分地区，当时属会稽郡，而西北的一部分地区则属长沙郡。

这种状况在此后秦征百越时得到了部分改变。所谓“百越”，是古越族的泛称，其活动范围分布于今江西、浙江、福建、广东、广西和江苏、安徽等长江以南地区，以及越南北部。为了征服“百越”，秦朝组织了一支以士兵、囚犯为主要成员的 50 万大军，以江西为主要集结地之一，沿着鄱阳湖、赣江向南推进，南经五岭抵达两广，东越武夷进入福建。在长达数年的军事行动中，原来的南北物资交流的商道被开拓成为南北通途，江西由此成为南北交通的重要通道。在此后的中国及江西的历史发展中，赣江—大庾岭—珠江交通大动脉，发挥了重要作用。

毫不夸张地说，秦征百越及由此在江西境内打通的南北交通大动脉，是江西历史发展的一个重要转折点。正是鉴于此，江西不仅在政区版图上被纳入统一的中央王朝，而且在军事、经济地位上也开始受到中央王朝的重视。因为范围过大，秦朝将九江郡一分为三：九江郡、衡山郡、庐江郡。原属九江郡的江西，大部分地区遂隶属庐江郡，郡治在今江西境内的番阳（今江西鄱阳县）。这是江西境内迄今所知的第一个郡治，也为此后西汉设立豫章郡打下了基础。

继秦朝而起的西汉中央王朝对于江西的重视，不仅仅是因为江西“襟三江而带五湖，控蛮荆而引瓯越”的战略地位，还因为在推翻秦朝的急风暴雨之中，江西的一位英雄人物的横空出世，他就是吴芮。

秦始皇去世后，陈胜、吴广领导戍卒发动了大泽乡起义。起义的浪潮波及全国，当时为庐江郡郡治所在地番阳县县令的吴芮审时度势，组织军民，成为主动投身反秦战争的第一位秦朝县令，瓦解了秦朝在江西的统治。在此后的楚汉相争中，吴芮鼎力助汉，帮助刘邦统一天下，成为西汉的开国功臣。西汉建立后，刘邦没有封吴芮为“番阳王”或“豫章王”，而是将其调离江西，封为“长沙王”。这个事情和刘邦没有继续让韩信为“齐王”而是徙封为“楚王”有着同样的深意，也表现出刘邦对异姓王的戒心。但是在后来铲除异姓王的过程中，吴芮以他的行事低调，特别是对中央的维护，避免了楚王韩信、梁王彭越、九江王英布以及其他异姓王的悲惨结局，成为西汉唯一一位没有被“清算”的异姓王，不但保住了自己和家族的安全，还使“长沙国”成为西汉的稳定后方。

为了填补吴芮移居长沙的空缺，西汉政府在江西这片土地上，历史性地设置了一个地方行政区划：豫章郡。西汉建立之后，对全国各地的行政区划进行了大规模的调整，以原庐江郡为基础的豫章郡应运而生。虽然具体的建郡时间尚难确定，但“垓下之战”后，汉将灌婴奉命南下，于公元前202年进入江西，豫章设郡的时间当在此之后。灌婴在今南昌筑城，取“昌大南方”之意，定名南昌，作为豫章郡的郡治。因为此城是灌婴所筑，所以南昌汉代故城又称“灌婴城”“灌城”，原址在今南昌市东南郊湖坊乡的黄城寺一带。

西汉在设置豫章郡后，又陆续下设了18个县。按《汉书·地理志》的排列顺序分别是：南昌（治今南昌市）、庐陵（治今泰和县西南）、彭泽（治今湖口畢南）、鄱阳（治今鄱阳县东）、历陵（治今德安县东）、馀淦（治今余干县）、柴桑（治今西南）、艾（治今修水县西）、赣（治今赣州市西南）、新淦（治今樟树市）、南城（治今南城县东）、建成（治今高阳镇）、宜春（治今宜春市）、海昏（治今永修县）、雩都（治今于都县）、鄡阳（治今都昌县东南）、南壄（治今南康县）、安平（治今安福县东）。

西汉设立豫章郡，既是赣鄱流域人口繁衍、经济发展的结果，也是江西地区政治、经济、文化发展过程中的一个重要标志。从此，“江西人”“江西文化”“人文江西”有了一个稳定载体。在此后的历史过程中，中国和江西的行政区划都发生过多次变化，本书所说的“人文江西”，则以西汉之豫章郡、今日之江西省为地域范围。

随着经济的发展和人口的增长，洪荒地带逐渐被开垦，政府又将其纳入管理范围，于是不断有新县析出，豫章郡中也开始分出新的郡。到东汉末年，现在的江西境内已有豫章（治南昌）、鄱阳（治鄱阳）、庐陵（治高昌，今属泰和）三郡，县的数量也从18个增加到了35个。这说明自豫章郡设置后，在长达400年的两汉统治期间，江西除在军事上继续保持重要地位外，各地人口有了增加，在全国的经济地位、政治地位也逐渐得以提高。

第二节　“江”：江西的地域文化名片

一、“江州”的设置与江西的地位

东汉灭亡后，除西晋的短暂统一之外，江西先后处于吴、东晋、宋、齐、梁、陈等南方政权的统治之下。

199年，孙策夺取豫章郡，继而在数年内将江西全境纳入势力范围。至280年西晋统一全国，吴国统治江西地区达82年。对于占据东南的吴国来说，东连吴会、西接荆楚、北抵豫州（治今安徽芜湖）的江西无疑具有重要的战略地位。同时吴在江西地区安抚山越，增设郡县；广开屯田，发展经济；兴办学校，教化风气，也加快了江西地区的开发。

在继吴之后的两晋、宋、齐、梁、陈诸朝，江西境内的行政区划历经多次变迁，而西晋时期“江州”的设立，则是江西历史发展中的又一件大事。“江”开始成为江西的地域文化名片。

江州，是以“江”命名大行政区之始。江州先治豫章郡（今江西南昌），后治武昌郡（今湖北鄂州），再治寻阳郡（今江西九江），又还治豫章郡，极盛时辖十一郡，是与扬州、荆州并列的一级地方行政区划。三州并称“扬、江、荆”或“荆、江、扬”。江州辖境相当于今江西、福建二省及湖北省陆水以东、长江以南和湖南省舂陵江以东的大片地区，而以今南昌—九江—鄂州一带为中心。其后，桂阳、武昌二郡分别划归新立的湘州、郢州，江州的管辖范围大致为今江西、福建二省，州治仍在豫章。

这一时期，各路风云人物在江西境内频频现身。东汉、三国时期，孙策、孙权兄弟，诸葛瑾、诸葛亮兄弟及周瑜、鲁肃、吕蒙、太史慈、程普等曾在江西任职或活动；孙权、周瑜、鲁肃与诸葛亮曾在柴桑（今江西九江）共商联合抗曹大计。东晋时期，江州是王、谢、桓、庾等北方世家大族角逐、争夺之地，王敦、王导、桓温、桓冲、庾亮、谢安等都曾激烈地争夺江州的控制权。对于东晋内部的门阀士族来说，谁得到了江州，谁就能在政治上取得主动，甚至以此遥控朝廷，保证家族利益的最大化。东晋灭亡后，朝代更迭频繁，但江州的战略地位仍十分险要。

群雄对江州的争夺，既有军事战略上的考虑，也有对物资和财富的掠夺。从吴到晋，江西不仅接纳了大量中原移民，而且日渐成为重要的粮食输出地。《隋书·食货志》载，萧梁时期的三大粮仓分别是豫章仓（在今江西南昌）、钓矶仓（在今江西都昌）和钱塘仓（在今浙江杭州），不但长江下游的建康（今南京）仰给江州粮食，上游的荆州将士的军粮也依赖江州供给。

可以说，在这一时期，江西改变了蛮荒之境的形象，并为隋唐时期的发展积蓄了能量。

二、从江南东、西道到江南东、西路

行政区划的调整，既体现出国家对某一区域的关注，也反映了该区域经济的发展水平。隋唐时期，现今江西境内的行政区划进行了多次调整，“江西”作为一个政区的名称也开始出现了。

隋朝统一中国，结束了南北分立的局面，将东汉末年以来的州、郡、县三级地方区划简化为州、县二级。后来，隋炀帝改州为郡，今江西省当时有七郡二十四县。七郡分别为鄱阳郡（郡治鄱阳）、临川郡（治临川）、庐陵郡（治庐陵）、南康郡（治赣县）、宜春郡（治宜春）、豫章郡（治豫章）、九江郡（治湓城即浔阳），皆直

属中央管辖。

唐朝代隋而立，唐高祖李渊把隋炀帝杨广时期的郡改回为州，郡太守改为州刺史。江西七州的州名分别为洪州（隋之豫章郡）、江州（九江郡）、饶州（鄱阳郡）、吉州（庐陵郡）、虔州（南康郡）、袁州（宜春郡）、抚州（临川郡）。到唐高宗李治时期，增设信州（治江西上饶）。与隋代一样，江西的这八个州，也都直属中央管辖。也就是说，在隋代和唐前期，中央之下，地方和西汉、东汉前期一样，只有州、县二级。但西汉时期，江西境内只有一个豫章郡统领各县对中央负责；东汉则是三个郡分别统领各县对中央负责；而隋朝和唐前期，江西则有七个州（郡）统领各县对中央负责。

贞观元年（627 年），唐太宗将全国分为十个道。十道之一的江南道包括今浙江、福建、江西、湖南四省的全部及江苏、安徽二省长江以南地区，以及湖北、四川二省长江以南的部分地区，还有贵州省北部广大地区。但是，当时的“道”，仅为监察区而非行政区，既无固定治所，也无稳定建制，大抵是因事派遣使者，事毕即罢，道内各地区之间的经济联系也非常薄弱。

开元二十一年（733 年），唐玄宗为进一步加强对地方的管理，将十道分为十五道，其中江南道分为江南东、江南西、黔中三道。

江南东道治苏州，简称“江东道”，辖境相当于今江苏省长江以南和浙江、福建二省。江南西道治洪州，辖宣、澧、朗、洪、江、鄂、岳、饶、虔、吉、袁、连、抚、潭、衡、永、道、郴、邵十九州，简称“江西道”，辖境相当于今江西省、湖南省的大部，以及安徽省的西南和湖北省的东南地区。“江西”之名，正来自这个“江南西道”。但此时江南西道的管辖范围，较今天的江西省境有较大出入。所以，还不能将那时的江南西道与现在的江西省画等号。

安史之乱后，藩镇割据形势缓和，在不设节度使的各道设观察使，为州以上的长官。江南西道范围内设置了四个观察使：宣州观察使、江南西道观察使、宣歙观察使、鄂岳观察使。其中，江南西道观察使的治所设在洪州，辖洪、饶、吉、江、袁、信、抚、虔八个州，与汉初的豫章郡、今日的江西省所辖范围基本一致。

北宋建立后，把唐朝的“道”改为“路”，在宋神宗时期，全国分为二十三路，现在的江西地区分属江南西路和江南东路。江南西路治洪州，辖洪（治南昌）、虔（治赣县）、吉（治庐陵）、袁（治宜春）、抚（治临川）、筠（治高安）六州及兴国（治湖北大冶）、南安（治大庾）、临江（治清江）、建昌（治南城）四军，除了兴国军，其余均在今江西境内。至南宋时，江州（治德化，即今九江）由江南东路划归江南西路。江南东路治江宁府（今南京），辖七州二军。其中，江州、饶州（治鄱阳）、信州（治上饶）及南康军（治星子）在今江西境内。所以在宋代，江南西路、江南东路都与江西有关。

三、江西行省与江西布政司

元朝统一之后，将全国分为中书省和若干个行省，包括今日江西省在内的整个东南地区，分属江浙、江西两个行省。江浙行省由宋代的江南东路和两浙路合并而成，治杭州路(今杭州)，范围包括今浙江、福建二省及江西省的鄱阳湖以东地区，江苏、安徽二省长江以南地区。江西行省由宋之江南西路和广南东路合并而成，治龙兴路(今南昌)，范围包括今江西北部的鄱阳湖及以西地区、中部、南部和广东的大部分地区。

明朝建立后，将元朝的江浙行省一分为三：一是将今江苏、安徽二省的江南地区及原属江淮行省的二省江北地区，并归中央直接管辖，称“直隶”，又称“京师”或“南京”，以应天为首府。明成祖迁都北京之后，此处仍称南京，又称“南直隶”，简称“南直”。二是在今浙江省的全部，组建为浙江布政司。三是在今福建省的全部地区，组建福建布政司。

同时，以元朝的江西行省为基础，设置江西布政司，但原江西行省的岭南诸府划归广东布政司，原属江浙行省的饶州、广信二府划归江西布政司。江西布政司治在南昌，辖南昌(治南昌)、瑞州(治高安)、九江(治德化)、南康(治星子)、饶州(治鄱阳)、广信(治上饶)、建昌(治南城)、抚州(治临川)、吉安(治庐陵)、赣州(治赣县)等十三府，形成了十三府、一州、七十七县的基本格局。清承明制，只是把原属赣州府的宁都、石城、瑞金三县析出，设为宁都直隶州，治宁都。

明清时期的江西布政司，就其管辖范围而言，相当于现在的江西省。

由于康熙六年(1667年)将明代的南直隶、清初的江南省分为江苏、安徽二省，“江浙”开始成为江苏与浙江的合称，所以有些人往往将明代文献中的“江浙”误解为江苏、浙江，其实不然。在当时，除了极少数的情况，“江浙”皆指江西、浙江而非江苏、浙江。

第三节　经济重心的南移

一、北方的战争与人口的南迁

约1万年以前，江西安义、新余、万年等地，已经有了先民的生活足迹，而且创造了先进的稻作文明和陶瓷文明。随着经济文化的交流，大量北方人口进入江西，而且出现过几次迁徙高潮。

北方人口进入江西的第一次高潮，发生在两晋之际的“永嘉之乱”及其后的“五胡乱华”时期，这一时期北方长期战乱，呈现南北政权对峙的局面。第二次高潮发生在唐玄宗天宝年间的“安史之乱”以及此后相当长的一段时期，自此之后，北方陷入长时间的动荡和藩镇割据，后来又进入到“五代十国”分裂割据时期。第三次高潮发生在两宋之际的宋金战争之后，“靖康之难”导致宋室南渡、宋金之间的持续战争及南北对峙局面的出现。

这三次大的动荡，导致北方人口大规模举族南迁。北方居民迁徙的落脚点，总是那些既远离战场又便于返回中原的地区。于是，当战乱发生在黄河流域时，移民主要迁移至江淮之间，江西北部开始接纳北方移民；当战乱延伸至淮河一带，移民便迁移至长江以南，南昌、鄱阳、宜春、吉安、抚州乃至赣南也开始接纳北方移民；当战乱蔓延至长江两岸时，进入江西境内的移民，便更集中地南徙到吉安、抚州、赣州等地。

北方人口的南迁，直接导致中国经济重心的南移，江西成为经济重心南移的获益地区之一。北方移民洪水般地涌入，使得江西人口迅速增长。中国第一次官方人口统计发生在西汉末年，当时江西的人口数量仅为湖南的1/2、湖北的1/3。至唐中期，江西的在册人口便超过了湖南、湖北的总和。而在南宋和元朝的统计中，以现在的省区为单位，江西人口位居全国第一。

北方人口的进入，既为江西的开发带来了大批劳动人口，又将相对发达的中原文化及宗族制度带到了江西，促进了近代以来江西家族的发达和“耕读治家”生产生活方式的形成。这种生产生活方式与江西的自然环境相结合，使得江西人进可入仕取得功名，退可家居温饱无忧。江西从唐中期开始到清中期的千年辉煌，正是在这个基础上形成的。

明清时期，一方面是江西人口的大量输出，形成了极其壮观的“江西填湖广，湖广填四川”的中国人口大迁徙；另一方面是江西吉泰盆地及福建、广东大量人口进入江西山区，与以往进入江西山区而已经成为“江西人”的民众一起形成了一个巨大的民系——客家。他们对江西山区的开发，做出了重大的贡献。

二、王勃的预言和隋炀帝的贡献

唐高宗时期，中原才子王勃来到南昌，恰逢滕王阁诗会，为答谢主人的盛情款待，他写下了千古名篇《滕王阁序》，盛赞江西“物华天宝”“人杰地灵”。但平心而论，在初唐时期对江西的这种赞誉，多少包含着外地客人对主人的客套。而这个带着好意的客套，却成了江西中唐以后经济文化发展的预言。当然，这个预言的实现要感谢隋炀帝杨广。隋炀帝在位期间实施的两大工程——营建东都、开凿运河，把江西纳入中国交通大格局的中心地带。

秦汉时期，都城设在咸阳—长安；隋、唐大一统后，都城仍是长安。关中地区在相当长的时间里，是中国的政治中心。但是，随着全国经济重心由黄河流域向江淮乃至江南的转移，政治中心的关中地区距离经济重心江淮、江南地区逐渐遥远，物资转输十分不便。在关中遭受自然灾害之时，隋文帝杨坚带领政府官员和关中百姓“就食”洛阳，给隋炀帝以重要的启示。所以隋炀帝继位后，营建东都，将政治中心由关中迁往中原。虽然唐朝仍然定都长安，但武则天之后，洛阳作为政治中心的地位又得到加强。这一变化，彻底改变了中国的政治格局。此后的五代，都城不在洛阳就在汴梁，再也没有回到关中。而元、明、清大一统时期，都城均设在北京。按理说，北京距离江南比长安更为遥远，但是交通的便利缩短了空间的距离。隋唐以后中国政治格局的变化，正是得益于交通格局的改变而得以巩固。而当时改变中国交通格局的是大运河的开拓。

大业元年(605 年)，隋炀帝开始营建东都洛阳，同时开始了运河的开凿。首先开凿的是“通济渠”，全长约 650 公里，从洛阳以西引谷水、洛水入黄河，再从洛阳以东的板渚(今河南荥阳北)引黄河水入汴水、接泗水，在盱眙入淮河。紧接着开凿“山阳渎”，全长约 175 公里，因北起山阳县(今江苏淮安)境内得名。自今淮安东南流经射阳湖，南至江都东，折西经扬州市南入长江。第三条为“永济渠”，全长近 1000 公里，从洛阳以北的黄河支流沁河向北，经卫河、永定河等，经天津到涿州(今北京)。最后一条是“江南河”，长约 350 公里，从长江南岸的镇江通向杭州。

所有这些工程，人们称之为“隋运河”，全长 2000 余公里，沟通了海河—黄河—淮河—长江—钱塘江五大水系，通过人工运河与天然河流的结合，将中国的南方与北方连为一体，彻底改变了中国东部的交通格局。后来的京杭大运河正是以隋运河为基础建成的。大运河虽然没有经过江西，但通过长江与运河的联系，江西成为大运河开通后得益较多的地区之一。

在政治中心东移及大运河开通之前，从政治中心长安到“海上丝绸之路”起点珠江口，汉水—长江—湘江—西江—珠江为主要运道。但是，随着政治中心的东移和运河的开通，运河—长江—鄱阳湖—赣江—章江—北江—珠江成为我国主要的南北通道。这条通道贯穿北京、河北、天津、山东、江苏、安徽、江西、广东八省市，在江西境内占 1/4，而且是必经之道。江西从此成为中国南北交通的枢纽，长江—鄱阳湖—赣江成了沟通南北的黄金水道。在水路比陆路成本更低廉、交通更顺畅的古代，这是海外、岭南与中原连通的最佳路线。王勃在《滕王阁序》中称江西“襟三江而带五湖，控蛮荆而引瓯越”，就是对大运河开通后江西成为交通枢纽地位的真实描述。而王勃从山西龙门老家，赴父亲任职的交阯(今属越南)，并返回中原，所经过的正是这条线路。唐前期，在海内外商品经济和文化交流愈来愈频繁的背景下，这条南北大通道开始发挥作用。但崎岖险峻的大庾岭却是这条通道的“中梗阻”。为使这条通道更加畅通，开元四年(716年)，左拾遗内供奉张九龄回韶州曲江老家养病时，建议开凿大庾岭驿路，得到唐玄宗的批准，并命其主持。数月竣工，张九龄描绘这条驿路：“坦坦而方五轨，阗阗而走四通，转输以之化劳，高深为之失险。”[①]天堑变通途，大庾岭驿路得到历朝历代的维护，加上后世对运河水位调节技术的不断改进，运河—长江—赣江—章江—北江—珠江全线贯通，成为中原与岭南之间的主要交通干线。

在相当长的时间里，这一水道也是沟通南亚海外的主要通道。南海和南亚的许多物资，正是经由这一通道运至洛阳、汴梁、北京，许多海外商人也是经由这一通道进入中原，为晚唐以后江西的许多“胡商”活动提供了支持。特别是在明清时期，由于实行禁海政策，明太祖更令“片板不许下海”[②]，这一水道便成为众多商旅与海外往来的唯一合法通道。

明代嘉靖初年，王阳明以南京兵部尚书总督两广及湖广、江西军务，前往广西平息瑶民起义，所选择的往返路线便是这条水道。万历时期，意大利传教士利玛窦进京，整个行程便是沿着珠江、北江、大庾岭、章江、赣江、鄱阳湖、长江、运河实现的。乾隆五十五年(1790年)，安南国王阮光平进京朝见，清政府为他规定的也是这条路线：由广西入境，经广东、江西北上。

正是这条南北通道，使江西具有了交通枢纽的地位，江西开始成为中国经济文化的发达地区。

三、经济的发展与文化的繁荣

安定与富足是晚唐人们对江西最直观的印象。安定是因为江西境内并无大的战乱特别是持续性战争，又远离“安史之乱”和藩镇割据的侵扰，大体保持着平和安定的局面。富足则表现在以下多个方面。

首先是人口的增长。在中国古代，人口数量的多寡是衡量一个地区经济发展程度的重要指标。隋唐以前，中国人口分布呈北重南轻之态。经过北方的几次大动荡，大量北民南迁，南方人口比重逐渐接近并超过北方。江西是江南接纳北方流民最多的地区之一。

西汉平帝元始二年(2年)，第一次全国人口统计时，豫章郡(今江西省)为67462户、351965口；唐朝玄宗天宝元年(742年)，江西境内为248547户、1676257口。到了安史之乱后的唐宪宗元和(806～820年)时，全国户口锐减。

① 李世亮：《张九龄年谱》，广东高等教育出版社1994年版，第43页。

② 张廷玉等：《明史》卷二〇五《朱纨传》，中华书局1974年版，第5403页。

但据《元和郡县图志》，江西为293180户，在全国的比重，由天宝时期的2.76%增至12.39%。宋初，江西的人口已增至591870户。[①] 宋徽宗崇宁元年（1102年），全国在册户口数为2026万户、4532万口，而江西地区为201万户、446万口，约占全国总户口数的1/10，居各路之首。元世祖至元二十七年（1290年），江西在册户口为2772231户、14257413口，分别占全国的20%、23%，仍居各地之首。历元至明，江西的人口优势继续保持并加强。明代江西在册人口仅次于浙江，居全国十三布政司的第二位。[②]

其次是物产的丰裕。养活成倍增长的人口，对于古代任何地区来说都是不小的压力。江西不但能够养活而且让如此多的人口基本衣食无忧，靠的是粮食产量与质量的大幅提高。当时江西稻田的开垦已十分广泛，如吉州的粮食不仅供给本地，还供给外地，甚至供给同样发达的荆扬地区。由于粮食的丰裕，到唐后期，江西渐渐成为朝廷财赋的主要来源地之一，政府经常从江西筹集调拨粮食用于赈济灾区、给养军队。白居易所说"江西七郡，列邑数十，土沃人庶，今之奥区，财赋孔殷，国用所系"并非虚言。[③] 北宋文学家曾巩说洪州输往汴梁的税粮，为天下之最；而南宋江西输往临安的田赋，同样为天下之最，占各路总数的1/3。[④] 至元代，江西仍然是朝廷财赋的主要供给地，所交赋税一直位于各行省前列。历元至明，江西的这一经济地位仍然继续保持。明代江西人口仅次于浙江而居全国十三布政司的第二位，但江西每年所纳税粮，据孝宗弘治十五年（1502年）和神宗万历六年（1578年）的统计数据显示，已超过浙江。由此可见江西产粮之富，也可见其经济地位之重。清代前期，随着政治形势的变化，江西经济地位有所起伏，但仍然具有重要地位，当时江西交纳的田赋占全国总量的10%～20%，仍然是国家财政收入的重要来源。副产品、手工业品，如茶叶、纸张、苎麻、蓝靛、木竹、油料以及制瓷、造纸、木竹加工、夏布、火药等制造物资，江西也做出了重要的贡献。

再次是商业的繁荣。物产的富足与交通的便利，使江西的商业在唐后期迅速繁荣起来，粮食、茶叶、瓷器、木材等江西物产被长途贩运至各地，造就了一批富商大贾。在白居易的《盐商妇》诗中，描述了一个扬州小户人家的女儿嫁给江

---

① 参见韩国磐：《唐代江西道的经济和人文活动一瞥——读唐史札记》，《江西社会科学》1982年第4期。

② 参见方志远、孙莉莉：《地域文化与江西传统商业盛衰论》，《江西师范大学学报（哲学社会科学版）》2007年第1期。

③ 参见梁琼：《唐代江西地区胡人活动考述》，《江西师范大学学报（哲学社会科学版）》2010年第4期。

④ 参见曾巩：《曾巩集》卷一九《洪州东门记》，中华书局1984年版，第313页。

西盐商后，过着“皓腕肥来银钏窄，前呼苍头后叱婢”的富足生活。唐代的商业都市也较以前发达，南昌甚至成为“江淮间一都会”，聚集着许多来自波斯等国的客商；九江则是长江沿岸的重要港口和各色商人汇聚之地，同样是一大商业都会。明代的五大手工业中心分别是松江的棉织业、苏杭的丝织业、景德镇的制瓷业、铅山的造纸业、芜湖的浆染业，江西独占其二。① 明清时期的江西四大镇——景德镇、河口镇、樟树镇、吴城镇，在全国也都赫赫有名。

宋高宗时期，给事中李正民的一段话，至今读来仍令人感叹：“江西诸郡，昔号富饶，庐陵小邦，尤称沃衍。一千里之壤地，粳稻连云，四十万之输，将舳蔽水。朝廷倚为根本，民物赖以繁昌。”宋应星的《天工开物》被称为“17世纪中国工艺百科全书”，全面记载江西传统农业、手工业、矿冶业的发展情况。而明清时代的江右商帮则把江西的辉煌推向全国，乃至海外。②

经济的发展，支撑起了江西文化的辉煌。这个时代的江西，至少存在着三组对应的文化现象：精英文化与大众文化、正统文化与异端文化、摇篮文化与主流文化。而这三种文化又处在不断地转化之中。

以今天的眼光来看，尽管地位有高低、境遇有达蹇，陶渊明、晏殊父子、欧阳修、王安石、曾巩、李觏、黄庭坚、胡铨、姜夔、杨万里、周必大、陆九渊、江万里、文天祥、周德清、朱权、解缙、汤显祖、宋应星、艾南英、八大山人、蒋士铨等人所代表的是精英文化。正是因为有了他们，才使人们惊叹江西“人才之盛，遂甲于天下”。而大量农民、工匠、商人、术士、儒士在生产生活中所表现出来的智慧和创造精神，则属于大众文化。但是，以陶渊明等为代表的精英文化，无疑产生于江西的大众文化之中。

3000多名进士、数量居全国首位的举人，以及无数修习“举业”的士人、无数通过各种方式进入仕途的各类人等，他们所代表的主要是正统文化。“翰林多吉水，朝士半江西”③“同门三进士，隔河两宰相”④，令江西人至今陶醉。而与朱熹反复驳难的陆九渊，白莲教首领彭莹玉，“铁冠道士”张中，直接向皇帝上书挑战朱熹的朱季友，被称为“赤手搏龙蛇”的泰州派传人颜钧、何心隐，“术士”李孜省，“山人”乐新炉以及当时尚未被主流思潮接纳的吴与弼以及王门弟子，被正统儒学视为“邪术”，属于异端文化。但是，如果没有“异端”与“正统”之间的相互激励，哪里可能产生江西特色的“文章”“节义”！

---

① 参见徐黎：《白居易的妇女诗作解读》，《开封教育学院学报》2002年第3期。

② 参见杨雪云、陈金凤：《唐代江西粮食生产与贸易述论》，《农业考古》2005年第3期。

③ 转引自韦明铧：《“吉水翰林”——《浊世苍生》续写之八》，《社会学家茶座》2007年第4期。

④ 转引自杨小东、曾维涛：《庐陵状元文化传承现状调查及思考》，《江西社会科学》2012年第10期。

因为从来没有成为过全国性的政治中心，甚至也很少成为区域性的政治中心，所以江西文化常常表现出“摇篮文化”的特征。从这里可以走出大思想家、大政治家、大文学家，也可以走出富商巨贾；但在本地较难产生大思想家、大政治家、大文学家，更难产生富商巨贾。这里可以是人民军队、人民政权的摇篮，不过一旦风云际会，这里可以一度成为政治中心、学术中心、经济中心，可以产生出大思想家、大政治家、大文学家，可以成为全国乃至世界瞩目的中心地区，江西文化也可以一度由摇篮文化演变为主流文化。朱熹在白鹿洞书院讲学，朱熹和陆九渊在鹅湖书院论战，江万里在白鹭洲书院激励，王阳明的心学在这里由异端变为主流，汤显祖、宋应星、艾南英在这里完成了由大众文化向精英文化、由摇篮文化向主流文化的转变，在江西发生的这些现象，在全国也具有重要的意义。

无论是精英文化、摇篮文化、正统文化，抑或是大众文化、主流文化、异端文化，以及无数有名的、无名的代表人物，共同构建起江西的历史与文化，共同构建起人文江西，而且展示出江西文化的多元性。

第四节　近代的蛰伏与警醒

一、与中国同进退

从19世纪五六十年代开始，因国际、国内政治经济大格局的变化，江西在经历了经济文化居于全国先进行列的千年辉煌之后，开始沦为“欠发达”地区。其原因主要有以下几个方面：

第一，交通格局的变化。从中唐到清前期，运河—长江—赣江—北江—珠江，是国内主要的南北通道，它对于促进江西经济文化的发展起了重要作用。但到清中期，长期以来对山林的无节制砍伐及开山造田所造成的不良后果开始显现，水土流失严重，赣江水运发展艰难。几乎与此同时，运河的淮河—黄河段因黄河泛滥及改道而淤塞，南北水道被拦腰截断。除此之外，京汉、粤汉铁路的开通，使南北运道改走两湖及河南，江西成了陆运的盲区。虽然后来建有浙赣铁路，也只是从赣北穿境而过。整个赣中、赣南因远离交通干线，物资流通艰难，过境贸易相对稀少。由于交通格局的变化，从外部渗入的新思潮、新风尚也绕过江西，或沿广东、湖南、湖北，或沿上海、江苏、安徽，向中原蔓延和扩散。这些新思潮、新风尚在扩散过程中，又不断地被抵制、被削弱、被改造，然后再反射到江西，致使江西在观念的更新上，不仅落后于沿海，而且也落后于中原和南北交通线上的湖南、湖北、安徽等地。

第二，经济格局的变化。鸦片战争以后，广州、厦门、福州、宁波、上海成为通商口岸，外国资本开始渗入沿海地区。到19世纪七八十年代，广东、福建、浙江、江苏等地开始兴办近代私人企业。《马关条约》签订后，外国资本渗入到沿（长）江地区，辽东、山东、云南、广西等地则相继被纳入外国资本的势力范围，近代民族资本也开始发展。在这一形势下，江西九江虽然是对外通商口岸，但在南浔铁路修通之前，九江更多的是与上游的汉口、沙市、重庆，下游的安庆、芜湖、南京连为一线，与江西内地的联系反而十分薄弱。以明代九江钞关为例，它只能对长江江面往来的商船收税；南浔铁路开通之后，九江也只与赣北地区联系较为密切。20世纪初，九江、南昌等地先后出现了一批近代企业，但无论从速度还是规模看，不仅落后于东南沿海各省，也落后于湖南、湖北等内地邻省。除了夏布、瓷器等极少数手工业品仍占有一定的市场外，江西一度居领先地位的传统手工业品已无法与洋货及沿海地区的工业品竞争。

第三，频繁的战乱。江西自唐末五代至两宋元明，社会经济得以发展，很大程度上得益于远离战争。但在19世纪五六十年代及20世纪二三十年代、三四十年代，江西却经历了太平天国战争、第二次国内革命战争、日本侵华战争三次长时期的战火蹂躏，造成人口锐减和山林焚毁。江西商人赖以生存的商品如茶叶、纸张、木材等的生产则因山林焚毁而受到严重破坏，景德镇的瓷业也一度停产。

第四，自身的弱点。科举的鼎盛给江西带来了文化上的繁荣，但也使江西重功名、轻工商的“官本位”观念根深蒂固。小有积累的江西商人一旦摆脱贫困，就会将资金投入到后人的举业上，即希望子孙进入仕途，光宗耀祖；或者投入大量资金为自己及子弟捐个空头官衔，以改变在家族及社会中的地位。截至太平天国起义之前的清代，资本并非雄厚的江西商人，以捐钱为手段而获得的国子监监生的名额，竟居全国首位。“文章节义”是江西人的传统美德，但这种美德的内涵代表着正统的儒家思想，有利于农业社会的巩固，却不利于商业社会的形成。“官本位”观念的根深蒂固使江西商人远不如闽商、粤商、晋商、浙商那样潇洒轻松。江西商人虽然有人数多、操业广、渗透力强等优势，但也存在着以商脱贫、资本分散、小本经营等先天不足，加之长时期以个体经营为主要方式，使得本来就分散的资本难以集中，更难以与徽商、晋商、闽粤商人等相抗衡。

第五，尤其遗憾的是，即使在江西经济文化发展的黄金时代，在江右商始与徽商争雄、继与徽商晋商三足鼎立的时代，江西官员、江西商人、江西民众也没有在江西营造出一个像广州、汉口、南京、上海，或者是杭州、苏州、扬州，乃至临清、湘潭那样的大都市或消费中心、商业中心，因而无法刺激消费水平的提高，也无法吸引外来的消费者而积累资金。同时，江西也没有形成以大都市为中心的市镇辐射网络，整个商业活动始终停留在以商补农、以商脱贫的低层次上。

二、从江西走向中国

当然，近代江西退出中国经济文化的先进行列，也不能全怪江西本身。因为江西在中国格局中地位的衰退，与同一时期中国在世界格局中地位的衰退几乎同步。从这个意义上说，也许“江西能代表中国”。中国的重新崛起，也必然带动江西的重新崛起。

为了摆脱百年的苦难，中国的革命者进行了艰苦卓绝的探索和斗争。文章节义之邦，正统文化与异端文化并存，决定了江西不可能永久沉沦。近代的落伍，只是一时的蛰伏。在此后中国的变革中，江西成为重要首义区之一，更成为中国革命的中心和“摇篮”。

中国共产党在江西的奋斗，引导了中国的前进方向，改变了中国的历史命运。江西民众以巨大的投人和牺牲，包容并支持中国共产党的艰辛探索，同时在中国共产党的带领下，摆脱过去的种种苦难，进入新的历史时期。

“三十年河东，三十年河西”，随着中国在世界格局地位的重新崛起，江西的崛起也应该指日可待。犹如当年中国退而江西一起退一样，中国的进，没有江西不进的道理。

当然，这需要当代的江西民众与当年一样，不等不靠，带着平和而不是焦虑的心态、进取而不是懒散的姿态，在改变中国大格局的过程中，在维护这片蓝天、这方绿土、这汪清水的过程中，稳步而快速前进。

第二章　江西地域的民生文化

第一节　万年稻与《禾谱》

一、从野生稻到人工培植稻

明武宗正德七年，当时明朝以江西余干县的万春乡，以及鄱阳、乐平、贵溪三县的部分地区，置万年县。以“万年”为县名，一是因为境内有“万年山”，二是因为希望这一地区“万年太平”。但没有想到的是，这个叫“万年”的县名竟然成了一个预言，揭开了江西境内万年之前的一段人文历史。将“万年”县带到“万年”前的，是早已蜚声世界考古界的万年吊桶环和仙人洞遗址。

20 世纪末，中美联合考古队经多次发掘发现，吊桶环遗址的文化堆积大体可分下、中、上三层文化。下层文化属旧石器时代晚期，中层文化属中石器时代，上层文化属新石器时代早期。

在中层文化遗存中，保留着大量双峰类型的野生稻植硅石。这项惊世发现，是我国长江流域首次发现的早于栽培稻的考古遗存，说明这一时期的先民们除了狩猎、采集野果、挖掘根茎外，野生稻的采集已成为他们经济生活的一部分，为后来人工栽培稻的出现奠定了基础。

吊桶环上层遗址的遗存，更展现了江西地区新石器时代早期的文化面貌：磨制和钻孔技术得到应用，石器和骨、角器的品类更加丰富，陶器制作开始出现，生产效率明显提高，人们对自然的改造更加得心应手。

而且，在距今 1.2 万年的地层中，也就是吊桶环遗址的新石器时代早期的文化遗存中，发现了人工栽培稻的植硅石。经植物考古学家研究，这些水稻兼具野、籼、粳稻的特征，是一种由野生稻向人工驯化稻演化的古栽培稻类型。

与吊桶环遗址同处一个地理单元的仙人洞遗址，则可分为下、上两层文化，而上层文化又可分为早、晚期两个阶段。与吊桶环遗址一样，仙人洞的下层文化出土遗物发现有野生稻植硅石，尚不见人工栽培稻的痕迹。但在上层文化早期段的地层内，不仅发现了野生稻植硅石，还发现了人工栽培稻的植硅石，说明野生稻与栽培稻同时存在。

什么是植硅石？简单地说，就是植物枯萎后体内的硅结晶，由于这种结晶是由植物体内的硅形成的，所以叫“植硅石”。植物本身腐朽，转化为其他物质，但植硅石却几乎能永久存在，这就给考古学家、古生物学家研究植硅石母体植物的种类及年代提供了依据。

中美联合考古队的专家们，正是基于对植硅石的研究，得出了吊桶环遗址和仙人洞遗址是现今所知世界上年代最早的栽培稻遗存的结论，考古年代为距今1.2万年前，有一项研究甚至认为在距今1.6万年前。这样，人类的人工栽培稻的历史，就在原来浙江河姆渡遗址、湖南道县玉蟾岩遗址的基础上，向前推进了6000～8000年。①

这一发现有力地揭示出江西万年在万年之前，原始稻作农业便已经开始出现，成为亚洲及至世界稻作农业的重要发祥地之一，是名副其实的“万年稻”。随着人工栽培稻的种植，最初的农业即所谓“农业革命”开始发生，江西先民们开始逐步摆脱天然的采猎经济，向农业社会迈进。②

二、战国粮仓与天下粮仓

4000～6000年前，即新石器时代中、晚期，江西境内的各处先民，已经以稻作农业为主要经济活动。在新余的拾年山、修水的山背、九江的神墩、永丰的尹家坪、樟树的樊城堆、萍乡的大安里等数十处遗址中，考古学家都发现了稻秆或稻谷壳的遗痕，说明水稻种植至少在赣中地区已经得到了推广。

在距今3000多年的江西樟树商代吴城文化遗存中，发现了大批农业生产工具，特别是铜质农具，如铜耜、铜犁、铜铧、铜锸等，其对于土质坚硬、高低阔狭不等的江南水田而言，比过去的石器、木器功效更高，说明当时的水稻种植技术有了新进步。春秋战国时期，铁农具的使用及牛耕的推广，使深耕细作有了一定的技术保证，粮食的储备也成为可能。江西出土的铁镬、铁锸等铁农具，是对原来铜镬、铜锸以及耒、耜的改进，提高了开垦荒地和翻土耕作的效率。

---

① 参见洪涛、杨艳：《世界首株水稻出于万年》，《农业考古》2009年第4期。

② 参见陈章鑫：《万年稻作农业文化系统的开发、保护及发展对策》，《中国稻米》2012年第6期。

江西的稻米不仅产量大，而且米质好，故南朝时期除京城建康以外，大粮仓多设在江西境内。如寻阳（今九江市）不仅是重要的产粮基地，而且是江、荆、湘、郢诸州稻米的集散地。东汉安帝永初元年（107 年）和七年（113 年），朝廷曾经连续两次调运包括豫章郡在内的南方诸郡粮食，赈济北方灾民，正说明了这一点。

隋唐以降，随着北方人口的大量涌入，江西平原及丘陵地区的土地被广泛垦殖，大规模的水利工程也开始兴建。特别是鄱阳湖区圩田建设和丘陵山地开发，先进的曲辕犁（江东犁）、秧马及筒车的普遍使用，使得水稻栽培技术及生产效率进一步提高，江西不但成为全国著名的稻作区及粮食供应地，并且因此确立了自己在全国经济重心南移中的重要地位。安史之乱后，江西成为唐王朝财赋重心之一，"朝廷倚为根本，民物赖以繁昌"[①]。至宋代，著名文学家曾巩在《洪州东门记》一文中说江西"其田宜粳稌，其赋粟输于京师，为天下最"。宋代每年从东南六路漕运粮食 600 万石，北宋时期江西输纳漕粮 120 万～180 万石，南宋时期更不下 200 万石。

南宋时期，江西的中部、西部地区均在垦辟梯田。元、明、清三代，江西当地民众继续向丘陵山地、河谷湖泊要田，进一步加强了江西水稻主产区的地位。明中叶以后，中国南方水稻生产的基本格局已经由"苏湖熟，天下足"转变为"湖广熟，天下足"。所谓"湖广熟，天下足"之"湖广"，其实包含江西在内。江西与湖南、湖北共同构成了当时中国最大的商品粮供应地。江西输出的商品粮，一方面要满足江南地区即南京和苏、松、杭、嘉、湖等经济发达地区的需求，特别是要满足这些地区的城市需求；另一方面则要满足京师北京的需求。在清代，国家的漕粮供应、战争与灾害时期的区域粮食协济，乃至平常年份区域之间的粮食贩运贸易当中，江西的粮食生产与输出都发挥了极为重要的作用。

以粮为主，多种经营，一直是江西传统农业的基本产业结构。除水稻之外，江西也种植麦、豆等作物。明末清初，番薯、玉米等高产作物在江西山区的推广种植，加强了江西作为粮食生产基地的地位。而茶叶、苎麻、棉花、白莲、百合等经济作物的种植以及生猪的饲养、鱼类的养育，则使江西在农产品的商品化上居于全国领先地位。

三、《禾谱》与稻作文化

水稻的普遍种植和技术水平的不断提高，为水稻的研究提供了依据，相关

---

① 李正民：《大隐集》卷五《吴运使启》，文渊阁《四库全书》1133 册，台北商务印务馆 1986 年版，第 62 页。

著作也应运而生。目前所知，中国最早的关于水稻的著作为《禾谱》，其为北宋江西泰和人曾安止所撰。《禾谱》既是继北魏贾思勰《齐民要术》后的一部重要古代农业科技著作，也是我国历史上第一部关于水稻研究的专著，反映了北宋时期江西特别是吉泰盆地的稻作文化水平。

曾安止，字移忠，号屠龙翁，吉州泰和人。北宋熙宁六年(1073 年)，曾安止中进士，授洪州丰城县主簿，后升任江州彭泽县知县。曾安止为官清廉，莅事端敏，导民以孝为本，深得人心，颇有政绩。后来，曾安止以眼疾弃官，他认为："农者，政之所先。"[①]与当时许多士大夫热衷于为牡丹、荔枝、茗茶等著书作谱不同，曾安止家居期间，致力于农学研究，经常到田间地头观察农作物的生长情况，尤其关注水稻栽培。因水稻品种不一，性状各异，曾安止首先对水稻品名、来源、性状以及播种、插秧、收割的时间和耕作方法仔细调查，不断积累资料，并结合古人著述，分类整理，撰成《禾谱》五卷。

《禾谱》全书包括稻名、稻品、种植、耘稻、粪壤、祈报等内容，记载了吉泰盆地 40 多个水稻品种的名称、来源、特征以及播种、插秧、收割的时间和栽培技术、管理方法。北宋绍圣元年(1094 年)，苏东坡被贬官路过泰和，曾安止以《禾谱》示之。苏轼称《禾谱》"文既温雅，事亦翔实"，但对它的"不谱农器"感到遗憾，遂作《秧马歌》长诗相赠。后人刊行曾安止的《禾谱》时，将苏东坡的《秧马歌》附于后。其实，曾安止又何尝不想让他的《禾谱》更为齐备，但创作《禾谱》时，他已患"目疾"，和苏轼见面时，他已经双目失明了。

在 100 多年之后的南宋中期，曾安止的侄孙曾之谨继其遗愿，"追述东坡作歌之意"，撰成稻田耕作需用的《农器谱》三卷，以补《禾谱》之缺。[②] 十分可惜的是，《禾谱》和《农器谱》均在明末散佚，《禾谱》的部分内容保留在光绪三十四年(1908 年)所刊《匡原曾氏重修族谱》中。据学者研究，《禾谱》《农器谱》直接影响到元代王祯《农书》的写作，《农书》中保存了二书的部分内容。

《禾谱》和《农器谱》出现在南方、出现在江西，与全国经济重心的南移及江西水稻种植业在全国的地位相吻合。

曾安止在《禾谱》序中说，北宋时的江南西道，岁贡粮食百万斛，而吉州占十之六七。耕读治家，本为江西民众的传统；而吉州的民众，又以农桑为务。小孩之间的嬉戏、成人之间的闲谈，无非是耕作之事，所以从城镇到乡村，从河谷到丘陵，乃至山崖险峻之地，也被开垦为膏腴之壤。

吉州的稻作文化，只是江西悠久稻作文化的一个缩影。江西有着得天独厚

---

① 曾枣庄、刘琳主编：《全宋文》第 111 册，上海辞书出版社、安徽教育出版社 2016 年版，第 223 页。
② 参见周方高：《宋朝农业管理初探》，浙江大学博士学位论文，2005 年。

的农业生产条件，尤利于水稻的生长，是历史悠久的稻作之乡。

第二节 《茶经》与浮梁茶

一、《茶经》与“茶道”

江西是中国历史上最著名的产茶区之一，在中国茶业和茶文化的历史上，具有重要的地位。根据《庐山志》记载，早在晋代，庐山寺庙的僧侣就已开始种茶、品茶，品茶论道逐渐成了寺院生活的经典画面。与此同时，饮茶成为世俗生活的重要内容。

而在隋唐时期生活的富足，佛教的传播，共同将中国的种茶、品茶习俗推向高潮，甚至有人将种茶、品茶的习俗进行总结，写出了专门的著作——《茶经》。

《茶经》作者陆羽，是中唐时期竟陵（今湖北天门）人。但是，一位湖北文化人的作品，与江西人文有何关系？原因在于，江西的茶叶生产、江西的品茶习俗以及江西的佛教，特别是禅宗的发达，对陆羽创作《茶经》产生了重要影响。有一种说法，陆羽在创作《茶经》时，江西信州是其重要一站。

传说陆羽是孤儿，被一位僧人在河边发现并带回寺中养大。佛教的仪式，特别是寺院的品茶之风、禅茶之道，对陆羽的一生产生了重要的影响。陆羽在寺中长大后，以《易》卜筮，得一卦，其文曰：“鸿渐于陆，其羽可用。”于是以“陆”为姓，以“羽”为名，以“鸿渐”为字。[①] 由于是竟陵人，所以自号“竟陵子”；因为酷爱品茶，又自号“茶山御史”；因为精于茶道，又有《茶经》问世，故被人戏称为“茶仙”，后来更为好茶者尊为“茶圣”。

文献记载，陆羽相貌丑陋，却是一位多才多艺“好玩”的人。他不但精通佛教，更以文学技艺著称，当时的人们说他“词艺卓异，为当时人闻”。离开湖北之后，陆羽的足迹遍布巴山蜀水、江东江西，而这些地方都是中国的产茶之地。在这个过程中，陆羽对茶有了进一步的认识，遂撰写了中国历史上第一部关于茶的著作《茶经》。

《茶经》共 3 卷，7000 多字，分为十目：（一）茶之源，概述中国茶叶的主要产地及其土壤、气候等生长环境，还有茶的性能、功用；（二）茶之具，介绍茶叶的制作和加工工具；（三）茶之造，介绍茶叶的采摘和制作过程；（四）茶之器，讲述煮

① 参见刘侯晨：《漫谈我国古今人物的姓·名·字·号》，《锦州师范学院学报》2000 年第 4 期。

茶、饮茶的器具;(五)茶之煮,介绍煮茶的火候及过程;(六)茶之饮,介绍饮茶的情趣与方法;(七)茶之事,关于饮茶的历史;(八)茶之出,介绍产茶的地点并品评其高下;(九)茶之略,介绍各种关于采茶、煮茶、品茶的从权之法;(十)茶之图,建议以白绢将上述九大要素绘为图,挂在墙上,一边煮茶、饮茶,一边观赏,目击而道存,"于是茶经之始终备焉"。可惜的是,目前流传的陆羽的《茶经》只有文字而无图画。

陆羽是在唐德宗建中三年(782 年),从现在的浙江湖州移居于江西信州的;四年之后,唐德宗贞元二年(786 年)由信州移居洪州,次年离开江西前往湖南。当时,江西洪州、袁州、吉州生产的茶叶已经颇负盛名,《茶经》中特别推崇吉州的茶叶、洪州的茶具。陆羽对生活了将近五年的信州充满感情,在广教寺筑山舍,依山种茶,凿石引泉,酌以烹之,并将其称为"天下第四泉",说明他非常认可信州良好的种茶和泉水条件。令人不解的是,相比洪州、袁州、吉州,饶州浮梁的茶叶生产本该更负盛名,但陆羽的《茶经》既没有提及饶州的瓷,也没有谈到浮梁的茶,不能不说是一种缺憾。

就在陆羽《茶经》问世的前后,百丈禅师怀海在江西奉新大雄山建寺,称"百丈寺",创《百丈清规》,将茶事活动作为僧侣修行必不可少的内容。如规定坐禅过程中,每隔一炷香时间要饮茶,在特定时期要举行"奠茶""戒腊茶""普茶""茶汤会"等仪式。寺院专门设有供施主品茗的"茶堂",法堂内设有每天按时召集僧人饮茶的"茶鼓",还有专司烧水煮茶献茶的茶头等。此时的江西,不但种茶、品茶已成风俗,茶与禅的结缘竟然进了禅宗的"法规",形成了"禅茶""茶道"。

二、白居易与浮梁茶

陆羽之后,著名诗人白居易来到了江西。到江州后,白居易步李白之后尘上了庐山,写下了千古流传的《大林寺桃花》:"人间四月芳菲尽,山寺桃花始盛开。长恨春归无觅处,不知转入此中来。"到了庐山,来到寺院,品着庐山的茶,白居易大加赞赏:"匡庐云雾窟,云蒸翠茶复。春来幽香似,岩泉蕊独浓。"随即在庐山的香炉峰下,白居易结庐而居,亲辟园圃,植花种茶。[①]

作为江州司马的白居易,自然免不了要迎来送往。一天,"浔阳江头夜送客",竟然听到江上琵琶声,曲调悠扬、歌声婉转,送客的白居易和客人都因此而陶醉:"主人忘归客不发。"委婉悠扬、如泣如诉的旋律,令白居易欲罢不能。一经询问,琵琶演奏家竟然是昔日长安的著名艺人,流落江湖之后,她嫁给了一位江州茶商,但是聚少离多,"商人重利轻别离,前月浮梁买茶去。"白居易有感而

---

① 参见黄崇焘:《漫话浮梁茶文化》,《广东茶业》1995 年第 2 期。

发，写就612言的《琵琶行》，不经意间，让喜爱白诗的人们把“浮梁茶”传遍天下。

而在当时，江西浮梁已经是全国重要的茶叶生产地和交易集散地，《元和郡县图志》载，浮梁县“每岁出茶七百万驮，税十五万贯”，占全国茶税的1/3。山东、山西，中原、关中，处处都有浮梁茶。浮梁茶甚至已销售到了海外，所以王敷《茶酒论》说：“浮梁歙州，万国来求。”

茶兴于唐，盛于宋。宋元时期，江西茶叶的产量和品质仍然在全国处于重要地位。洪州、饶州、袁州、吉州、九江、抚州、虔州，处处产茶，而且都是重要的产茶地区。浮梁所在的饶州，继续保持着产茶的规模并且品质上乘。名为“鸟衔”的贡茶，尤为著名，但是贡茶也给当地民众造成沉重负担，故为贬至饶州的范仲淹奏免。后人在范仲淹祠堂题诗云：“一章免奏鸟衔茶，惠及饶民几万家。遗老至今怀德政，为余谈此屡咨嗟。”

当然，唐时江州商人得去浮梁买茶，但到宋代，江州成了重要的茶叶产地特别是集散地。南宋末年的赵与时感叹：“白乐天于浔阳舟中见商妇赋《琵琶行》，其中有云：‘商人重利轻别离，前月浮梁买茶去。’是时此商留浔阳，而远取茶于浮梁，始知浔阳之茶唐未有也。今其行几遍天下，而浮梁所产反不著。时代推移，而土地所生亦复变迁如此。”至元代，江州已成为全国第一大茶市了。

三、宁红、婺绿、河口镇

除了产量外，宋元时期江西茶叶的品质也有了进一步提升，一批名茶相继出现，为人称道。比如洪州西山的白露、鹤岭，为一时珍品。分宁（今修水）的双井白芽茶，欧阳修认为已经超越两浙的日铸茶，为“草茶第一”。白芽茶经由黄庶、黄庭坚父子带到汴梁，京城士人交相赞誉。袁州界桥所产仰山、稠平、木平等茶，也都是佳品，而“稠平者尤妙”。又有“五花茶”，其片为五，似花状，名声远播。南康府的匡茶，为“茶品之最上者”。太和山骞林茶，初泡极苦涩，至三四泡，清香特异，人以为茶宝。除此之外，瑞州的黄檗茶、永修的云居山茶、洪州西山的罗汉茶等，在当时都极负盛名。

明清时期，江西茶叶和瓷器不但是重要的贡品，而且远销海内外。瓷、茶、麻、纸，成为江西四大出口物资。铅山的河口镇成为新的茶叶加工和集散中心，所谓“武夷茶”，多在河口加工，再行销各地。乾隆年间，河口的茶行有48家。当时的茶行多是前店后坊，所以河口聚集了大批技艺高超的制茶能手。河口红茶“河红”，成为一时名品。

清同治、光绪年间，浮梁的茶叶生产又迎来了一个黄金时期。浮梁红茶因品质一流，畅销海外，被称为“国货大宗”。修水等地的红茶同样名传中外，被称为“宁红”。《义宁州志》载：“清道光间，宁茶名益著，种莳殆遍乡村，制法有青茶、红茶、乌龙、白毫、茶砖各种。”美国威廉·乌克斯《茶叶全书》说:“宁红色、香、味俱属上乘。”

白居易在唐代就已经盛赞庐山茶,从明代开始,“庐山云雾”闻名全国。万历年间的李日华在《紫桃轩杂缀》中说:“匡庐绝顶,产茶在云雾蒸蔚中,极有胜韵。”继“庐山云雾”之后著名的江西绿茶,有遂川“狗牯脑”茶,与现在隶属江西、当年为安徽属县的婺源绿茶,在美国旧金山举办的“巴拿马万国博览会”上双双获得金奖。“宁红”和“婺绿”,由此名扬天下。

第三节 “瓷都”与陶瓷文化

一、万年陶片与原始瓷器

陶瓷的发明和使用,对世界文化和人类文明产生了深刻影响。陶瓷烧造是江西最具特色的传统手工业之一,如新石器时代的印纹陶器以及商周时期的原始青瓷。秦汉时期,江西已能烧造较为成熟的瓷器。

20世纪以来,江西考古界震惊全国的多项重大考古发现大多与陶瓷有关。几乎在发现已有稻作农业产生的同时,仙人洞遗址也发现了万年前的陶片,这同样是惊动世界考古界的成果。陶器是人类第一次用化学方法改变天然物性质而得到的物资,它的出现,与农业、畜牧业和纺织等生产的出现,一同标志着人类已从采集性经济过渡到生产性经济,开始了新石器时代革命。所以,考古学界一般将陶器的出现作为区别旧石器时代和新石器时代最重要的标志之一。

在吊桶环遗址和仙人洞遗址上层,共出土早期陶片800余块。[①] 早期陶片质地粗糙,颜色有灰褐色、灰红色、灰黑色和灰黄色等多种。而在仙人洞上层遗址晚段发现的陶片,以绳纹陶和编织纹陶为主,也有更早年代的条纹陶,反映了制陶工艺的变化与发展。据推算,仙人洞最早的条纹陶烧制年代距今大约1.3万年。如果这一推算准确,那么它不但是华南乃至全国最早的条纹陶,而且也是当今世界范围内年代最早的陶器之一。

吴城遗址中的几何印纹陶器,是打开研究江南古文化的一把“钥匙”和年代学的“标尺”。其发掘出的残迹长达7.5米的龙窑,是后世龙窑的祖型,被称为

---

① 许虹、范大鹏主编:《最新中国考古大发现——中国最近20年32次考古新发现》,山东画报出版社2002年版,第8页。

"青瓷的摇篮"。龙窑里烧制出来的原始瓷,实现了冶陶到烧瓷的转变。

鹰潭的角山遗址是目前所知江南地区乃至全国最大的商代窑炉,分布面积达3万多平方米,同时,也是我国至今发掘的中国古代最早制造原始陶瓷的窑场。在该遗址中,首次发现馒头窑和龙窑的并存:龙窑代表了南方的瓷器烧造技术,馒头窑代表的则是北方窑的烧造技术。过去人们认为,南方利用馒头窑烧制原始青瓷器,最早起源于北宋时期。但这次发现的商代中晚期馒头窑,距今已有3300多年,使馒头窑烧造釉陶、原始瓷的历史提前了1000多年。①

角山遗址出土器物中,除少量青瓷外,绝大多数还是陶器,器型有鼎、壶、豆、钵、罐等以及三足器和非常少见的平底器。其中,最具特色的是陶鼎。此外,角山遗址还出土了一定数量的陶拍、陶垫等制陶工具,这在全国也是首次发现。在这些陶器上,发现了2000多个原始陶文符号,引起了考古界广泛关注。

从先秦两汉开始,江西陶瓷的制作和生产从未间断。全省遍布大大小小的古窑址,并且不断有新的发现。丰城洪州窑从东汉延烧至晚唐,是全国研究青瓷起源和发展的主要窑场之一。而吉州窑(也称"永和窑"),则是宋代著名的兼具南北名窑制瓷技艺的综合性大瓷窑,其生产的黑釉瓷和彩绘瓷独具风格,尤其是彩绘技术,对景德镇元代青花瓷的生产和发展具有承前启后的作用。而景德镇的制瓷业最终成为中国瓷器的集大成者,享有"千年瓷都"的盛誉。

二、景德镇"千年窑火"与明清"海上丝瓷之路"

由于在昌江的南岸,景德镇初名为"昌南镇",隶属浮梁县,浮梁县则隶属饶州府。所以,景德镇是江西"省"、饶州"府"、浮梁"县"下的一个"镇"。但是,这个"镇"后来不但吞并了"县"、盖过了"府",甚至有些人只知有景德"镇"而不知有江西"省"。

因为江西昌南镇制作瓷器精良,宋真宗以其"景德"年号为名,改"昌南镇"为"景德镇",此名沿用至今。景德镇地区的制瓷业,相传始于汉代,到唐初已声名鹊起,所制瓷器有"假玉器"之称,武德年间,人贡朝廷,于是"昌南瓷名天下"。五代时期,景德镇烧造出了白瓷,成为南方最早烧造白瓷之地,打破了"南青北白"的格局。

江西制瓷业的真正发展是从宋真宗景德元年设景德镇、遣官制瓷开始的。此后,景德镇开始集中各地制瓷名家、吸收各大名窑的技术和经验。其瓷器以"洁白不疵"而获"饶玉"之称,与真定红瓷、龙泉青瓷鼎立,为三大名瓷之一,真

① 参见李荣华、周广明、杨彩娥、赵建华:《鹰潭角山发现大型商代窑址——中国原始青瓷烧造年代向前推进千余年》,《南方文物》2001年第1期。

正开始与其他名窑一争高下。景德镇由此开始了千年的兴旺繁荣，经济、政治地位迅速提高，“饶州瓷”“浮梁瓷”的称谓为“景德镇瓷”所替代。

宋元之际，随着吉州窑窑工的大量迁入和高岭土的开发利用，景德镇瓷业在工艺技术上得到更为迅速的发展。元代景德镇成功地烧造了青花、釉里红、卵白釉瓷和高温颜色釉瓷，这是陶瓷史上具有里程碑意义的成就。尤其是青花瓷烧造的成功，更使景德镇瓷器抛开了其他所有名窑而在全国独占鳌头。

到明代，景德镇当之无愧成为中国制瓷业的中心。根据当时人们的记载，使我们至今犹可想象出景德镇当年繁盛的面貌。王世懋在《二委酉谭》里说：“江西饶州府浮梁县，科第特盛。离县二十里许，为景德镇官窑设焉。天下窑器所聚，其民繁富，甲于一省。……火光烛天，夜令人不能寝。戏目之曰：‘四时雷电镇。’”宋应星《天工开物》中说中国出产精美陶器只五六处，但“合并数郡，不敌江西饶郡产”，“若夫中华四裔，驰名猎取者，皆饶郡浮梁景德镇之产也”。

凡官窑制品，皆冠以帝王年号。明代各朝瓷器有不同的风格，水平也有高下，而以宣德窑、成化窑的成就最高，永乐、嘉靖诸窑次之。据清蓝浦《景德镇陶录》卷五载，宣德时期官窑制品质量，“无物不佳，小巧尤妙，此明窑极盛时也”。其中，以青花瓷最为精致，胎用麻仓土（高岭土），洁白细腻；青花釉料则是郑和下西洋的船队从海外带来的苏勃泥青，色泽明亮，青翠艳丽，浓则浑然庄重，淡则鲜浅雅致。“祭红”是宣德窑器的又一绝品，釉汁浓厚、色泽鲜艳，泛出宝光，是为效坛祭器所创之色。成化窑器的五彩瓷又高于宣窑，画工的技法高超。“五彩”又称“斗彩”，用料精纯，制品推为明代釉上彩瓷之首。一度引起轰动的“斗彩鸡缸杯”，正是成化窑的代表之一。此外，永乐、嘉靖诸窑也有佳品，如永乐窑的甜白薄胎瓷，薄如“卵幕”；嘉靖窑注重装饰艺术，五彩瓷有内外夹花、锦地、两面彩图案，采用以花捧字、捧八宝的彩饰手法，形成富丽繁缛的风格。

当年，景德镇的瓷器被称为“衣被天下”“施及外洋”。而要真正“衣被天下”“施及外洋”，光靠官窑显然是不够的，更需要民窑的崛起和壮大。事实上，真正确立景德镇在全国制瓷业中心地位的，正是民窑的发展。明中叶以后，景德镇民窑的发展一面承受官窑的欺压，一面又受到官窑的推动：官窑的物质资料和技术力量自然是从民窑征发的，而民窑的技工也通过官窑的不计成本而不断创新，并将新的发明和创造推广到民窑，形成了官窑和民窑之间的相互促进，民窑无论是产量和质量都有了巨大的提升，从业人数急剧增加。根据官窑对民窑“三窑出一”议编民匠的做法可以推断，明后期约计有民窑 900 座，如果以每窑每天烧造瓷器千余件、每年烧 40 万件计，景德镇民窑年产瓷器当为 36000 万件。按时价折银，约为 1800 万两。而民窑的从业人数，据《明世宗实录》记载在嘉靖十九年（1540 年）就已经过万：“浮梁景德镇，民以陶为业，聚佣至万余人。”万历时期更扩大为数万人。

清代是我国制瓷史上的黄金时期，景德镇制瓷业发展趋于鼎盛，制瓷技艺达到了炉火纯青、出神入化的地步。特别是康、雍、乾三朝盛世，在器型、釉彩的工艺制作方面，均达到了历史最高水平。

清代除继承传统器型外，还创烧出大量新器型。在釉色方面，发扬并完善了明代传统的青花、五彩等品种，同时创烧出了粉彩、珐琅彩、古铜彩和多品种的单色釉。康熙时期，开创了以督陶官姓氏为窑名的先例，臧窑（臧应选为督造官）和郎窑（巡抚郎廷极为督造官）成为著名瓷器的品名。雍正时珐琅彩与粉彩最为发达，著名的年窑（年希尧为督造官）产品极其精雅，既仿古又创新。乾隆时彩瓷和单色釉瓷都达到极高水平。尤其是乾隆本人对瓷器的爱好，且精于鉴赏，这在很大程度上将制瓷工艺推向历史的顶峰。新奇制品层出不穷，鬼斧神工，令人叹为观止。在诸窑之中，以乾隆时代的唐窑（唐英为督造官）最负盛名，甚至仿制的古代名器达到以假乱真的程度。

最晚在唐宋时期，中国的瓷器就大量出口国外。到明清时代，景德镇瓷器不但为国内珍宝，而且随着东西方贸易的发展，风靡日本、东南亚及“西洋”各国，既受民众欢迎，更是上流社会的宠儿。中国瓷器在世界各地广为流传，不仅启迪、影响了全世界陶瓷技术的发展，也广泛而深刻地影响了人类的物质文明与精神文明发展。

第四节　药都与养生文化

一、“洪崖丹井”与“阁皂仙山”

明朝永乐时期组建内阁，最早有七人入阁，江西便有五人：解缙、胡广、杨士奇、胡俨和金幼孜。胡俨是南昌人，有《豫章十咏》，咏“豫章十景”，其一为《洪崖丹井》：“闻有古仙客，紫髯九尺躯。浴丹洪崖井，脱屣白玉壶。碧藓春阴合，寒泉夜月孤。不知千载后，还饮雪精无。”

胡俨诗中“紫髯九尺躯”的“古仙客”，是黄帝时代的乐臣“伶伦”，又名“泠纶”。相传，伶伦奉黄帝之命，在昆仑山取得神竹，钻孔于上，取其两节，吹出了“黄钟”之音，变化出凤鸣十二调，成为中国音乐之祖。

此后，伶伦来到今江西南昌的“西山洪崖”，凿井五口，汲水炼丹，一面继续钻研音律，一面修习长生之术，丹成而仙化。伶伦是中国音乐之祖，又兼为炼丹养生的始祖，被称为“洪崖先生”。在丹井之北的山崖上有5个窟窿，酷似舂臼，传说为当年洪崖先生的捣药处；丹井之南有一山包，称为“鸾冈”，传说为当年洪崖先生乘鸾憩息处。“洪崖丹井”遂成了南昌最早的名胜之一。

东晋堪舆（风水）名家郭璞《仙游诗》七篇，论说天下“仙游”之处，其一说：“左挹浮丘袖，右拍洪崖肩。借问蜉蝣辈，宁知龟鹤年。”隋文帝统一江南之后，改“豫章郡”为“洪州”。人们认为，“洪州”的由来，就是因为有这个“洪崖丹井”。其后“茶圣”陆羽及欧阳修、周必大、汤显祖等人都来到洪崖丹井，汲泉煮茶，憧憬长生。

如果说南昌的洪崖丹井是一种传说，那么，樟树阁皂山则是传说和现实中中国道教和中药养生史上的一块基石。阁皂山位于今江西樟树市、过去的樟树镇东南，由于“山形如阁，山色如皂”，故称“阁皂山”，又因葛玄、葛洪都曾在此处炼丹养生，故称“葛岭”。但是，就地名的显赫来说，是先有阁皂山，后有樟树镇（市）。

东汉末年，道教灵宝派始祖葛玄带着弟子们到阁皂山，采药炼丹，悟道修真，这既是道教灵宝派在江西活动的开始，也被当地人们认为是“药都”的樟树药业的开始。此后，葛玄同宗的一位重孙葛洪来到阁皂山，传道炼丹、种药行医。阁皂山名气越来越大，唐朝的时候，成了道教的第三十三“福地”。到宋代，阁皂山有宫观殿堂1500多间、道士500多人，用来种植水稻和药物的良田有3000亩。

二、药都

江西药材商人多出自清江县，药铺则集中在清江县樟树镇。而樟树镇的药材生产正是从这个阁皂山开始的。阁皂山各宫观的道士，既用道家理念养性，又以炼丹种药养生。养生、行医本来就是道家的重要“功课”，亦医亦道是中国古代道士的重要特征。随着道教的世俗化，阁皂山的道士们进而演变为以种药、采药、制药为业，成了药农。受其影响，当地的民众也将山林及农田改造成药圃，当地的药材市场也逐渐形成。

早在唐代，樟树的药市即初具规模，开始称为“药墟”。北宋熙宁间，这里加工制作的枳壳、枳实、陈皮等药材以质量上乘驰名，被列为“贡品”。南宋时改称“药市”，且更趋繁荣。宝祐六年（1258年）在此建“药师院”，每逢九月举行药市，自此成为南北药材集散中心和药材制作基地，药材加工与贸易同步发展起来。

樟树镇位于清江县赣江东岸、袁水与赣江交汇之处，溯赣江而上可经吉安、赣州而达两广；沿赣江而下过南昌、九江而至皖、鄂，水陆交通极为便利。唐代大庾岭开通后，樟树镇成为运河—长江—赣江—北江—珠江这条南北要道上的重要关口，由此促成了其商业巨镇地位的形成。

明成化年间，赣江改道，樟树遂成为袁河与赣江的交汇处，药材集散规模更趋扩大，外地商人纷至沓来，“集于樟镇，遂有‘药码头’之号”，成为全国性的药材贸易集散地。广东、广西出产的藿香、桂枝、桂子、肉桂、八角、茴香等，湖北、四川出产的附子、党参、茯苓等，湖南出产的朱砂、雄黄等，安徽出产的枣皮、生晒参等，中原出产的黄芪、生地、柴胡等，以及海外的豆蔻、砂仁、乳香、没药、西洋参等药材，大批运到樟树。樟树药商大量增加，外地药商又云集樟树。于是，药师院改为药师寺，以祭祀药王和求神医病，并就此立有“药墟”石碑。

万历时期，樟树镇已是“烟火数万家，江广百货往来与南北药材所聚，足称雄镇”。崇祯时期的《清江县志》追忆当时盛况云：“樟滨故商贾凑沓之地也”，“帆樯栉比皆药物”，“居人行子蜂乘蚁聚，朝夕常满”。本地生产的枳壳、枳实、陈皮、黄栀子均行销省内外；彭、刘、喻、杜、丘五姓煎熬的青矾、红矾销至东南诸省。官府在此征收的税银，也因药市和航运的贸易兴旺而大幅增加。明初每年为 170 两，万历初则增至 1720 两，明中期更增至 2000 余两。

至明末，樟树的药业更加兴旺，店铺、商号、居民大幅增多，镇区格局已基本确定。此时樟树镇有 4 个门，镇区周围约 10 里，有 7 坊 11 巷，内开药铺约 200 余家。药行的经营方式专为四方客商及药材生产者代购、代销、代存、代运、代垫运杂费，并接待客商住宿。当时如湖北英山、罗田的茯苓，浙江龙游、兰溪的蜂蜜，义乌、巍山的玄参、玄胡、白术，福建浦城的厚朴，建瓯的泽泻，安徽桐城的桔梗、秋石，歙县的枣皮、橘花等药材，都被大量运至樟树销售。晚明奇书《杜骗新书》记载道：云南河西县商人于定志在四川卖栀子，获银 80 余两，便买当归、川芎贩至樟树卖。樟树商人也在各地建立自己的庄号，自营贩运及购销业务，如专营洋广货的“广浙号”，专售西北、西南东北各省出产药材的“西北号”，各地遍设分庄并在湘潭、汉口、重庆等大商埠普设专店，连接樟树形成巨大的药业市场网络。樟树是这个药材交易市场的中心，成为名副其实的南国“药都”。

明清之际，课税日重，战乱迭起，经济衰落，樟树药市也随之萧条。至清代康乾时期，随着国家的长治久安，樟树镇再度步入繁盛发展阶段，“商民乐业，货物充盈”，“山水环绕，舟车辐辏，为川广南北药物所总汇”，与景德镇、吴城、河口镇并称为“江西四大镇”。官府和朝廷对于樟树镇也颇为重视，乾隆三十年(1765 年)，刚上任的江西巡抚明德上疏：临江府属樟树镇，为江、浙、楚、粤水陆冲途，商民云集，巡检事务繁忙，为减轻其负担，请移临江府通判驻扎该镇，添建衙署，换给关防。最终上疏得到朝廷批准。乾隆四十三年(1778 年)，又令临江府照磨移驻樟树镇。至道光年间，四川的附片、河南的地黄、湖北的茯苓、安徽的枣皮、浙江的白术、福建的泽泻、广东的陈皮、湖南的雄黄等，纷纷总汇樟树炮制转运。樟树码头出现终年千帆林立、茶楼酒馆座无虚席的景象。道光《清江县志》说："市人多异民杂处，有客胜主之患。"

由于在全国药材生产与流通中的重要地位，樟树镇成为海内外公认的"药都"。"药不到樟树不齐，药不过樟树不灵"的美誉也不胫而走。

第五节 《天工开物》与矿冶、造纸文化

一、"17世纪中国工艺百科全书"

宋应星的《天工开物》，全面记载了明代后期农业、手工业和矿冶业的生产状况，被英国科技史家李约瑟称为"中国17世纪工艺百科全书"。

宋应星，字长庚，江西奉新人，万历四十三年(1615年)在江西乡试中中举，此时不到30岁。但是，在此后的十多年里，从万历四十四年(1616年)到崇祯四年(1631年)，宋应星先后六次进京参加会试，都榜上无名。在一次次的受挫过程中，宋应星的功名之心也逐步冷淡，他开始将精力用于游历考察、著书立说。在六次由江西奉新到京师北京的往返跋涉时，宋应星时时沿途停留，走访南北农田、作坊，考察各种农活及手工业、矿冶业的生产技术，随时将所见所闻记录并描绘出来。每次落第而返，其行囊中都装有满满的科学考察笔记。

崇祯七年(1634年)，年近50岁的宋应星放弃了科举，以举人的身份任袁州府分宜县学教谕。闲暇之时，他就整理调查笔记，为著书立说做准备。其间，宋应星还专程赴广东、河南，考察农业技术。崇祯十年(1637年)四月，宋应星完成并刊出了一生中最重要的著作《天工开物》。

"于功名进取毫不相关"的《天工开物》，书名取自《易・系辞》中"天工人其代之""开物成务"，强调的是自然力(天)和人力(工)的配合，表现的是一种具有普遍意义的科学思想。这种科学思想的核心意义是：借助、利用"天"即自然的力量，补以"工"即人的力量，通过"天"与"工"的协调，创造生产出即"开"出新的"物"。

《天工开物》全书分上、中、下三卷，共18章，附有121幅插图，描绘了130多项生产技术和工具的名称、形状、工序。《天工开物》上卷介绍传统农业技术，中、下卷则介绍传统手工业技术。虽然这样的排列仍然是依据"贵五谷而贱金玉"的观点，体现了中国传统的重农思想，但其中最精彩的部分，恰恰是观念中所"贱"的金玉，特别是冶金技术和造纸技术，表现了作者与时俱进的科学观。

书中论述这两项技术的篇目，分别是《冶铸》《锤锻》《五金》和《杀青》。

《冶铸》是对中国传统铸造技术最为详细的记录，重点叙述铜钟、铁锅、铜钱的铸造技术和设备，包括施蜡、实模和无模铸造三种基本方法。

《锤锻》系统叙述了铁器和铜器的锻造工艺，包括斧、凿、锄、锯等各种生产工具的制造、焊接、金属热处理等加工工艺，其中包括当时比较先进的金属加工工艺——“生铁淋口”技术。

《五金》论述金、银、铜、铁、锡、铅、锌等金属矿开采、洗选、冶炼和分离技术，以及灌钢、各种铜合金的冶炼和珍贵的生产设备图。这一章记载了不少中国古人的创造发明，如以煤炼铁、用活塞风箱鼓风、直接将生铁炒成熟铁、以生铁与熟铁合炼成钢等。

《杀青》论述的是纸的种类、原料和用途，尤其是详细论述了造竹纸和皮纸的全套工艺技术和设备。

以当时的交通与信息条件，宋应星凭什么能够撰写出如此伟大的著作？近人做了实事求是又符合逻辑的解释：“先生生于豫章，广信之铜、景德之瓷，悉在户庭。滇南、黔、湘冶金采矿之业，又皆操于先生乡人之手。《天工开物》之作，非偶然也。”[①]当时中国之矿业主要在西南，而矿业的经营者，皆“先生乡人”（江西人）之手。宋应星正是在这些“乡人”的帮助下，才完成了《天工开物》这一巨著。

二、胆水浸铜与采矿冶炼

明清时期江西商人能够垄断西南矿业，一方面是因为“江西填湖广，湖广填四川”的移民大潮，大量的江西移民涌入湖南、湖北、云南、贵州、四川，而江西籍的在朝官员特别是当政者，又为同乡商人提供政策上的便利；而另一方面则是这些移民西南的江西商人、工匠，掌握了先进的矿冶技术，这个方面往往为人们所忽视。

江西的冶铜业源远流长，远在商周时期，江西的先民们就创造出灿烂的青铜文化。樟树吴城商代遗址前后经过十次考古发掘，发现了城墙、祭祀场所、房址、窑址等众多遗物，出土了石器、陶器、青铜器和铸造青铜器的石范等文化遗物4000余件，说明吴城是与商王朝处于同一社会发展阶段的方国，吴城文化是江南青铜文化的重要代表。瑞昌县铜岭发现的颇具规模的殷周铜矿开采冶炼遗址，是目前我国发现的开采历史最早、延续时间最长、出土文物最全的矿冶遗址。新干大洋洲商代大墓的惊人考古发现，更是震惊世界。大墓出土文物千余

① 廖丽华、胡新富、彭白云：《〈天工开物〉成书背景探析》，《宜春学院学报》2012年第3期。

件，其中青铜器475件，分为礼器、乐器、兵器、艺术品、生活器具、杂器六大类，其数量之大、品类之多也为全国罕见。大洋洲商代遗址的发现，证明了江西堪称“长江中游古代青铜王国”，是青铜时代又一重要文化中心的事实。

汉唐时期，铜钱为主要货币，冶铜业的发达与铸钱业紧密联系在一起。这一时期，是中国冶铜业的重要发展时期，江西在其中占有重要的地位。信州铅山场、韶州岑水场、潭州永兴场为宋代三大铜场，江西铅山场居其首。饶州永平监、江州广宁监、池州永丰监、建州丰国监为宋代四大铸钱中心，江西有其二且永平监居其首。当时永平监铸造的铜钱达61万贯，占全国总额的12%，加上江州广宁监，以及抚州裕国监、临江军丰余监和赣州铸钱院等处所铸的钱币为数更多。除官铸外，私铸铜钱也很盛行，当时人称：“赣吉等州，比屋私铸。”

这样，先进炼铜技术在江西产生就不足为怪了，这项发明由《浸铜要略》记载下来。发明人和著作者，是江西德兴的张潜。

在以“耕读治家”并以取得功名为荣的江西，张潜虽然喜读书，却始终是饶州府德兴县的布衣，因而也有江西布衣的特点——关心各种技艺，又曾往当地铜场做冶炼工。在长期矿产冶炼的实践过程中，张潜和他的同事们利用硫酸铜溶液浸铁，使其产生化学反应，将铜析出，这种技术被称为“浸铁炼铜术”。根据实践，张潜将总结出来的比较完整的胆水浸铜工艺用文字记载下来，在宋哲宗绍圣年间写成湿法炼铜专著《浸铜要略》，命其子张甲献给朝廷。朝廷将此法施于诸路铜场。此后，信州铅山场、韶州岑水场、潭州永兴场及德兴兴利场等矿场，均全面推行此技术，获得了很大的效益。胆水浸铜技术的成功运用和张潜《浸铜要略》的问世，是当时的中国对世界化学史和冶金史的重要贡献。

明朝前期，官府设立的铜场只有江西的德兴和铅山两处，后来才在云南、山西、陕西和四川等地设立铜场。矿冶业特别是铜矿的发展，不仅为铸钱提供了充足的原料，而且使当地的铸钱业很快发展起来。明代初年，江西铸钱数占全国总额的37%以上。明成化年间，御用监太监钱能镇守云南时，云南永昌生产出了一种“料丝灯”，以紫石英、赭石等矿物质为原料，主要由江西商人进行开发和经营。清乾隆十七年(1752年)，兵部侍郎陈宏谋疏陈：“云贵铜、铅、银、锡等厂，工作贸易，多系江、楚之人。”[①]江、楚之人自然指江西、湖广(包括湖北、湖南)的商人。而自明至清，江西商人能够长期在西南矿冶业工作，没有过硬的技术是不可能实现的。

不仅青铜采冶和铸造技术在很长时间居全国先进水平，江西的冶铁铸铁技术也进入全国先进行列。新建县大塘赤岸山战国遗址出土的一扇铁质斧范，是

① 《清高宗实录》卷四一八。

江西铸铁技术提高的有力证据。宋代江西各铁场中，以抚州东山场、信州弋阳县的产量最高，运出的数量均为10万斤以上。信州冶铁技艺水平高超，制造的钢刀名扬天下。明洪武时期，政府在江西、湖广等地设13个铁冶所炼铁，每年征收铁稞800万斤。其中，江西进贤、新余、分宜3个冶铁所每年合计冶铁325万斤，占总数的43.6%。

《新唐书·食货志》载，全国产银有六州，饶、信二州居其中，饶州更为全国最大的白银产地。元和年间，饶州乐平县(今属景德镇)银山年产银10万余两，收税7000两，占全国银税的58%。现存的银山银矿遗址，是今德兴县城银山铅锌矿遗址，它是我国迄今发现的最早一处采银、冶银遗址，也是已知的我国最大的一座古矿冶遗址。而现存的上高县蒙山银矿遗址，则是目前国内发现的保存最完整的银矿遗址，开采于南宋后期，元代进入鼎盛阶段，每岁铸银500～700锭，居元代各银矿产量之首。①

经过唐、宋、元三代的开发，江西的铜、银等矿产资源大抵被挖空，而此时恰逢移民大潮，大批的江西矿商和掌握着矿冶技术的工人、农民大量涌入矿产资源丰富的西南诸省，从而形成西南矿业多操于江西商人之手的局面。

三、连四、毛边与纸业文化

《天工开物》两次提到广信府铅山的造纸术：一是铅山的柬纸，全用细竹料厚质荡成，最上者称“官柬”，往往供富贵之家通刺所用；二是广信所造的楮纸，长过7尺，阔过4尺，五色颜料先滴入槽内和成，不用后染，因皮料坚固不易断，往往供内宫糊窗格使用。

江西山林覆盖面积大，又是产粮大省，竹木、稻草等造纸原料十分丰富；加以江西又是传统的文化大省，教育、科举发达，纸的需求量大，故江西造纸业在全国处于领先地位。

虽然东汉时期蔡伦就发明了造纸术，但纸张至少在隋朝以前都属奢侈品。随着经济文化的进步，隋唐五代以来造纸业得到了显著的发展，造纸材料丰富的长江流域出现了不少造纸中心。也就在这一时期，江西吉州生产的陟厘纸、信州生产的藤纸开始闻名于世，并在开元、元和年间被列为贡品。

陟厘纸即苔纸，以水苔为原料制成，纹理纵横斜侧。此外，据李肇《唐国史补》记载，临川生产的滑薄纸，也是全国名品纸之一。而据段成式《酉阳杂俎》记载，他在咸通年间任江州刺史时，于九江造云蓝纸，将其送给好友诗人温庭筠50

① 参见吴小红：《元代瑞州路蒙山银场的生产和管理》，《江西师范大学学报(哲学社会科学版)》2007年第6期。

版，以为写诗填词之用。可见，当时的造纸技术已经十分普及。江西的造纸业在两宋及元代得到新的发展，吉州、抚州、信州、南康军等地都有名品纸张出产，如吉州的竹纸、南康军的布水纸以及抚州的茶杉纸、牛舌纸、清江纸（生产于金溪县清江渡，故名）等，都是文人常用的好纸。抚州崇仁县、宜黄县出产的牛舌纸，以稻草为原料加工制成。抚州还有一种捭纸，也是刻印书籍的适用纸张。

明代前中期的主要纸张产地，都在江西、浙江、南直隶等地。连七纸、观音纸为江西南昌西山官局所造，奏本纸由江西铅山纸槽所造，小笺红由江西临川纸槽所造。另外，有榜纸，造于浙江及南直隶；大笺纸，造于浙江上虞；笺纸，由南直隶徽州府所造。明代后期的各类纸张有：竹纸，以毛竹为原料，皆产于南方各省；火纸，以稻草为原料，盛产稻谷的江西、湖广所产最多；包裹纸，以竹、麻粗料加宿田晚稻藁为原料，也产于江西、湖广，既粗且厚，故专用于包裹物品；柬纸，这是优质纸，主要产于江西铅山、玉山等县；皮纸，又名“绵纸”，产于江西、浙江等地。

广信府既是明清时期江西造纸业的中心，也是全国的造纸中心，主要有楮皮纸、白鹿纸、高帘纸等品种，其中楮皮纸原料来自湖广，玉山、永丰（今广丰，下同）造；白鹿纸由铅山、贵溪造，而产于铅山者更佳；高帘纸俗称“篷纸”，由铅山造。广信府的槽房，明初最早出现在玉山，后发展至永丰、铅山、上饶等县。玉山槽房，多在峡口（今横街乡）等处；永丰槽房，则在柘杨等处；铅山槽房，在石塘、石垅、陈坊等处；上饶槽房，则坐落在黄坑、周村、高州、铁山等处。这些造纸中心“皆水土宜槽”所在，位于山间溪流上源，清流湍急，有利于漂洗舂捣纸料。到明嘉靖后期，广信府的纸槽数量达600座以上，其中玉山500余座，永丰、铅山、上饶三县共约100座。纸槽规模少者“可容百数十人”，多者“动以千计”，皆雇工生产，“每人日给工食银三分，而工师、匠人种种不一，要皆各献能呈技”。如果按600座纸槽，每座雇工匠平均100～200人计，汇集在这里的造纸劳力当在10万人左右。他们各献技能，按日计酬。槽户（作坊主）与雇工之间，显然是雇佣关系。纸槽“皆系民间自备”，“非官府创立”；槽户雇募工匠，“皆槽户自备，并未仰给公家”。所以，纸槽的建立及其雇工组织生产的活动，是民间自发经营，不是政府官营。本省吉安等地商人和徽商参与了纸的原料及成品的贸易活动。

槽户多、规模大、民间经营、雇工生产，是明中后期广信府纸生产的基本特点，而铅山更成了江西乃至全国最重要的纸品生产基地。《铅书·食货》记载：“铅山唯纸利，天下之所取足，故四山皆煮竹为生。”铅山的造纸业，与景德镇的制瓷业、苏杭的丝织业、松江的棉织业、芜湖的浆染业，并称为“明代五大手工业中心”。

铅山的造纸作坊主要集中在石塘、陈坊和横江，时有“石塘京放、陈坊连史、横江毛边”之称。至明万历时，仅石塘一镇，每年产纸4500多石，其中有200多石被官府收购作为奏本纸。到清初，石塘一带槽户已发展到近千家，有万余人造纸，年产量15万石。其中，陈坊连四纸最为著名。它取料于毛竹，经72道工艺，具有长达一年的生产期。其纸质洁白莹辉，永不变色，明清贵重书籍、碑帖多用之。①

由于水陆交通的便利，河口镇成了铅山纸的集散地，万历《铅书·食货》称，河口“以其通于江、达于河也，故凡天下之货又集焉”。明代后期的河口，已经不是一个地方性的商品集散地，而是具有全局性意义的重要商镇，于是遂有“买不完的汉口，装不尽的河口”之谣。河口被誉为“江西四大镇”之一。一般由石塘、陈坊等地发小船将纸张运至河口，再由河口改成大船，沿信江分上、下两路：一路东至杭州，转运至天津、黑龙江等地；一路经鄱阳湖至汉口北运。

此外，吉安府的毛边纸，也是纸张中的名品。它以嫩竹为原料，易着墨，印刷清晰，经久耐用。毛边纸之名，起于晚明。当时南直常熟人毛晋的汲古阁刻印“十三经”“十七史”等典籍，特派人来江西选纸，吉安泰和等县出产的竹纸中选。选中的都在纸边加盖篆体“毛”字，遂有“毛边纸”之称，其名沿用至今。

① 参见贺三宝：《“江右商帮”兴衰与赣商重塑》，《江西社会科学》2012年第4期。

第三章　江西地域文化与城市设计

城市是人类活动的物质载体，是一个开放的复杂系统，它包含大量的物质构成因素和若干子系统。城市景观与空间形态是人的主观意愿的物化表现，凝聚着人类的智慧、情感、想象力和理想追求。

城市景观与空间形态是在城市这一特定环境中从功能、美学、心理学的角度研究各种物质构成因素的存在方式。由于城市空间形态与人的生活密切相关，所以两者之间存在相互影响的关系：人的主观意愿引导着城市景观与空间形态的建设，并对已存环境施加影响力；城市景观与空间形态向人们传递着无限的信息，支持人们的活动，丰富人们的生活。这一关系表明城市景观与空间形态始终处于不断的变化之中。

21 世纪，我国城市进入了快速发展时期，是实现城市现代化的一个巨大机遇。但令人担忧的是，我国城市面貌雷同、趋同的倾向越来越严重，城市个性和城市特色正在发展中逐步丧失。因此，城市景观与空间设计必须赋予城市强烈的地方特色和时代特征，使城市符合当代人的审美要求，并为后世子孙提供良好的生存环境和文化遗产。

第一节　城市形态与空间结构设计

关于城市有多种解释，其中生态学的观点把城市类比为细胞：城市具有细胞的结构特征、生长机理和表现形态，城市像细胞一样，必须具备生长的内在和外在条件；考察一个城市的发展轨迹，可以看到城市生长、变化的形态特征。

在人类历史进程中，由于生产力发展水平的不同，必然产生不同的社会形态、经济结构、民族心理……城市作为人类活动的物质载体，必然会打上人类文明的烙印。一方面，城市形态与结构可以反映出人类对自然环境的态度与能力；另一方面，城市必须具备包含人类行为的“足够容量”。齐康先生把城市活动与城市环境的对应关系形象地表述为核桃“仁”与“壳”的关系①，城市活动、社会系统是“桃仁”，城市形态及空间结构是“桃壳”，二者之间的对应和协调是城市发展的一个重要前提。

城市形态及总体布局与城市活动具有一致性，即城市形态反映城市活动。在农业文明时代，人类主要通过自然环境中的耕作等生产行为获取生活必需品，城市呈现出以商业、手工业以及宗教、防卫为特征的形态，城市规模以及城市间的距离都反映出农业文明的特征。工业革命之后，生产方式发生了根本性的改变，人类的主要生产行为发生在城市内部，工业生产成为城市的特征。

城市形态的物态构造受限于自然环境，不同的气候条件、地形地貌以及动、植物种群等自然生态因素的差异必然呈现出不同的城市形态。和谐与平衡是城市存在的根本，一旦自然生态环境受到人为的损害，那么人类赖以生存的城市环境必然受到来自自然环境的制约与报复，直至生态环境重新恢复到平衡状态为止。

城市作为人类活动的物质载体，是人类聚居的最基本的组织形式，是人类物质、精神的综合体现。城市形态的变化将永远伴随着人类的进步。

一、城市扩展的影响因素

城市化是社会发展的必然，其主要特征表现为生产方式由农业类型向工业类型转化以及作为生产力的人口出现聚集，这一趋势强化了城市物质环境的形态变化和内在结构的调整，而城市环境质量的变化取决于相关因素的综合影响。

城市化趋势不只是一个人口由农村向城市迁移的表象问题，它标志着社会结构在总体平衡状态下的调整。作为国民经济基础的农业必须在保持稳定、持续生产、满足社会发展需要的前提下实现富余劳动力的转移，而城市则拥有足够的产业岗位和物质条件使人口转移成为现实，在动态发展过程中达到新的平衡，实现社会进步。可见，城市的合理扩展是城市化必不可少的物质条件，同时，城市化的进程又反过来促进城市的发展。

我国城市化进程受到了宏观因素的影响，这些因素包括自然生态环境状况、人口状况、经济发展状况和城市建成状况。

据统计，到 2008 年底，我国城市数量达 655 个，建制镇 19234 个，城市化水

① 参见黄维岳等:《小城镇建设探讨》，人民日报出版社 1985 年版，第 156 页。

平为45.68%，若我国人口数稳定在16亿左右，城市化水平达到55%，城市人口将逐步达到8.8亿。这一宏观预测标志着我国城市化进程将以现存城市为基础，各级城市逐步升级、扩大规模为特征。

在未来相当长的一段时期内，我国经济发展处于持续增长的阶段，城市人口聚集效益日益增强，因此，我国城市化进程将以聚集为主要发展方式，城市数量增加，各类城市逐步升级，小城市发展为中等城市，中等城市发展为大城市，城镇密集地区则逐步演化为城镇群带，大城市、特大城市将进一步强化中心城市的职能。在城市形态上表现为城市规模扩大，城市用地向城市郊区扩展。

城市化进程中，集中与升级的趋势将随着我国国民经济发展水平的格局而变化。根据国外发展经验，当人均GDP达到1000美元时，"小汽车进入家庭"的趋势将出现高潮；当小汽车拥有量达到80辆/千人，并建立起相应的城市道路网，城市形态才会出现郊区化的趋势；当全国性高速道路网的建设和全国性电信网络的完善以及乡镇企业的更新换代，城乡差别会进一步缩小，巨大城市带和城镇群带就会出现。

值得注意的是，我国区域经济发展的不平衡将延续相当长的时间，直接影响城市化的进程，呈现出地区性差异：东部沿海地区率先完成城市集中与升级，比全国其他地区较快地进入城市分散的阶段，即东部沿海地区城市形态经过聚集后进入分散状态时，中部地区城市形态表现出分散的倾向，而西部地区还处于集中发展的阶段。由于我国东部地区自然条件优越，经济发展处于全国领先地位，所以，东部沿海地区将优先出现巨大的城市带或城镇群带的城市体系。

二、城市形态分析

城市形态是指城市各构成要素（包括物质的、经济的和社会的）的空间分布模式，具体包括空间组合的具体的物态环境和反映各要素相互关系的抽象的结构模式。

对于城市形态的理解应该分为两个层面：一个层面是公众层面。城市使用者通过有形的物态环境和无形的城市公共活动去认识和理解，林奇（Kevin Lynch）认为：物质要素是路径、边沿、地域、结点和标志物，以及使用者的主观感受，以此来体验城市。① 另一个层面就是专业层面。专业技术人员从较抽象的技术角度去理解城市：城市的空间结构、功能组织、交通系统、规模与效率、密度、建造技术、变化与生长……在分析城市结构与形态时，专业人员既要以专业的眼光去观察、分析、理解，也要以"普通使用者的眼光"去体验城市中人们的日

① 参见[美]林奇：《城市的印象》，项秉仁译，中国建筑工业出版社1990年版，第41页。

常生活和城市最基本的构成因素，而且后者更为重要。

(一)城市土地利用的基本形态

城市土地利用模式是城市活动的空间表现，它决定了城市的运行效率和生态质量，是城市总体布局的依据之一。关于城市土地利用模式的研究主要包括两个方面，即区位理论和土地利用模型。区位理论认为，城市各地块都表现出不同的位置关系，并影响城市的地域结构，土地利用模型的研究重点是城市各功能区的组织关系。

1. 区位理论

区位指分布点的位置关系，区位论就是关于人类活动的空间分布及其相互关系的学说。这一学说产生于1820～1830年的德国，包括杜能(J. H. Thimon)的农业区位论(1826)、韦伯(Alfred Weber)的工业区位论(1909)和克里斯塔勒(Walter Christaller)的城市区位论(1932)，20世纪50年代之后，区位理论日趋完善、成熟。①

(1)农业区位论

农业区位论主要集中在杜能的著作《孤立国同农业和国民经济的关系》中。杜能认为，农业土地利用类型和农业土地经营集约化程度不仅取决于土地的天然特性，更重要的是依赖于当时的经济状况和生产力水平，其中，农业生产用地到农产品消费地的距离最为重要。他从农业土地利用的角度阐述了对农业生产的区位选择进行经济分析的方法。

杜能提出了“孤立国”的假设：在一个大面积的区域内有一个圆形的“国家”，圆中只有一个城市，位于其中心；其他为农业用地，各部分的土壤质量和气候特点相同，将其完全投入使用，且可获得尽可能高的纯收益；城市是农产品的消费中心，城市与各部分的联系都是陆路交通，运输费用与农产品的重量、生产地到消费市场的距离成正比例。从这一假设条件出发，可以推导出关于土地利用类型的一些结论：在距城市最近的郊区适宜生产易腐烂、不宜长途运输或是重量大、价格低的农产品。如果这些农产品在远离城市的地方生产，其成本就会因超过城市的销售价格而亏本。由于城市中农产品销售价格是一定的，生产这种农产品的企业越靠近城市，纯收益就越大。当靠近城市消费中心的农业企业的产品不能完全满足市场需求时，市场价格就将提高，会导致农产品生产范围扩大。相反，如果市场上某种农产品的消费需求可以从城市近郊得到满足，那么距城市较远的企业应种植单位质量价值较大的产品，这就会引起生产资料和劳动费用的相对下降，其结果为：随着消费距离的增加，土地经营愈粗放，距

① 参见陆满平：《区位经济理论探析》，《扬州大学学报》1998年第2期。

城市最近的郊区经营愈集约。

由此杜能提出了著名的"杜能圈",即城市周围土地的利用类型以及农业集约化程度都是呈圈层变化的,围绕城市消费中心形成一系列同心圆。从经济上看,杜能理论的核心部分是农业生产的位置级差地租,可以理解为位置级差地租反映了土地作为经济资源利用时的价格与需求之间正相关,这为土地资源的合理利用提供了主要的经济依据。

(2)工业区位论

韦伯提出了工业区位论,工业区位论要寻求的是在原材料和消费点分布一定的情况下工业企业(点)的最佳位置。[①] 韦伯认为,影响工业区位的因素可以分为两类:一类是影响工业分布于各个区域的"区域因素";另一类为在工业的区域分布之中把工业集中于某点的"集聚因素"。韦伯对"区域因素"进行了分析与解剖,认为运输成本因素和劳动力成本因素最为重要,原材料、动力和燃料成本都可以通过价格表达为运输成本。显然,原材料成本存在运输成本问题,即距离越远,运输成本越高;同时,原材料类产品也存在价格问题,即价格高的产品可以看成是距生产地远、运输成本高的原料。韦伯区位理论认为运输成本首先在运费最低的区位形成区位单元,然后劳动力成本和集聚因素作为一种"改变力"同运输成本形成网络竞争。

在运输指向的基础上,区位受到劳动力成本的影响,那么,是选择最小运输成本点还是劳动力成本最低点呢?韦伯认为,运输指向的区位同劳动力指向的区位相比,如果遇到劳动力成本最低点所节省的劳动力成本大于因迁移所增加运输成本,劳动力指向的区位即是合理的;反之,则不合理。

除了区域要素(运输成本和劳动力成本)之外,影响工业地方性积累和分布的所有其他要素统统归入集聚要素和分散要素。所谓集聚要素是在某一点集中产生优势或成本降低的集聚;分散要素是集聚的相反方向,是使生产分散化产生优势的要素。工业在一个地方集聚与否可以看成是集聚力与分散力平衡后的最终结果。

韦伯认为,集聚可分为两个阶段:第一阶段为初级阶段,仅通过企业自身的扩大、发展而产生集聚优势;第二阶段是高级集聚阶段,各个企业通过相互联系的组织而地方集中化。高级集聚有四个基本要素,即技术设备的发展使生产过程专业化进而要求工业的集聚;劳动力的高度分工要求完善的、灵活的劳动力组织,有利于集聚的发生;集聚可以产生广泛的市场化,降低生产成本、提高效率;集聚可以使基础设施实行共享从而降低"一般性开支"。但是,"任何集聚都

① 参见绍强:《基于空间结构理论的城市发展理论研究》,河海大学博士学位论文 2004 年,第 38 页。

能引起相反的倾向——增加开支”,分散要素的强弱同步于集聚规模的大小,也正是因为集聚引起地税的上涨,集聚规模越大,地税上涨越快,因而分散倾向也越强烈。集聚要素和分散要素相互作用的最终结果产生了单位产品一定数量的成本节约。

韦伯工业区位论对以后的区位理论、经济地理、区域研究产生了深远的影响。

(3)城市区位论

克里斯塔勒从城市或中心居民点的物品供应、行政管理、交通运输等主要职能的角度,论述了城镇居民点的结构及形成过程,提出了“中心地理论”,即“城市区位论”。其基本内容是关于一定区域内城市职能、规模及空间结构的学说,克里斯塔勒形象地将其概括为区域内城市等级及规模关系的六边形模型:人类社会聚落具有六边形结构单元特征,中心地位于六边形的中央。①

克里斯塔勒认为,任何一个中心地都有大致确定的经济距离和能达到的范围,承担着向外围区域提供商品和各种服务的职能。中心地有大小之分,较小的中心地供应的商品、提供的服务,无论数量还是种类都较少,其外围区的范围也相应较小;而较大的中心地,提供的商品和服务在数量和种类上都较多,其外围区也较大。中心地的等级越高,所提供的商品和服务的数量和种类就越多。

就每个具体的中心地而言,克里斯塔勒明确指出,人类经济活动的地理单元无论小到何种程度,它总是处于不均衡状态,在空间分布上永远存在着中心地和外围区的差异。因此,有效地安排经济活动的途径不是消灭这种地域差异而是应当正视差异的存在,并推动合理差异的形成,以促进总体上经济的发展。

克里斯塔勒“中心地理论”提出了人类社会集聚的结构模型,并根据这一理论建立了包括自然地理基础、社会生产与需求和社会服务三者在内的符合逻辑的组织系统。

2.城市土地利用模式

城市土地利用模式是城市人文活动分布的空间表现,它直接决定着城市运转的效率及生态环境质量,是城市总体规划、城市扩展的重要依据之一。由于受研究出发点、研究地区城市特征和发展阶段的制约和影响,城市土地利用模式同样形成了众多学说,具有代表性的有同心圆模式、扇形模式、多核心模式和多地带模式。

---

① 参见陆满平:《区位经济理论探析》,《扬州大学学报》1998年第2期。

(1)伯吉斯的同心圆模式

美国城市地理学家伯吉斯(E. W. Burgess)于1923年提出了同心圆模式。伯吉斯对美国城市芝加哥地域分异进行分析,认为是向心、专业化、分离、离心、向心性离心五种力的共同作用产生地域分异,城市各地带不断地发展与调整,呈同心圆式的扩散,形成了由五个同心圆带构成的空间结构。城市中心是CBD(中央商务区),由内向外分别是商业及公用服务业、低收入居民区、高收入居住区和通勤区。伯吉斯认为,构成同心圆模式的背景是区位地租这一经济因素,从城市中心的CBD到城市建成区以外的非城市用地完全按照土地利用效益分布,这种模式与"杜能圈"极为相似,各种功能单位(企业或住户)将依照支付地租能力的大小呈圈层状分布,支付地租能力越大的功能单位将越接近市中心。

伯吉斯同心圆模式以地租为主要依据,这一静态模式忽略了城市交通对城市用地价值的影响;此外,同心圆模式还存在着另一个不确定性,即具有地租支付能力的功能单位是否愿意去支付地租。比如,工业企业若远离城市中心地带便可降低地价成本,当与城市主要交通网或对外交通设施相结合仍可获得中心地带所拥有的种种便利时。

(2)霍伊特的扇形模式

霍伊特(H. Hogt)对美国城市的房租进行分析,发现城市住宅布局具有下列倾向:住宅地沿着交通线延伸的现象十分显著,并不断向城外、用地条件优良的地段扩展、聚集;高级住宅区喜欢聚集于社会领袖等名流人物宅地的周围;事务所、银行、商店等服务设施的移动对高级住宅有吸引作用;不动产业者与住宅地的发展关系密切。在其影响下,城市土地利用结构呈扇形格局。霍伊特认为城市中心是CBD,低级住宅区与批发、轻工业区混合,但是,城市的各功能区并不是以距中心区的距离分异,而是按区分布,城市交通特别是与中心区CBD及对外交通设施相关的交通线对城市布局有重要影响。

(3)哈里斯—乌尔曼多核心模式

奎因认为城市CBD是城市中心,但除此之外,城市地域范围内还存在其他中心,各自影响着一定的范围。

(4)多地带模式及其他

如果把城市功能区进行抽象概括,可以获得更为简化的模式。迪肯森、奎因、托马斯、维维安、木内信藏等学者提出过三个地带或四个地带的抽象模式,即城市可以概括为中央地带、过渡地带和外围地带。这一抽象模式不适合分析城市的内部结构,但对于发展较快的城市而言,则可以极为简洁地观察到城市在地域范围内逐渐扩展的趋势。城市中央地带在不断扩大,过渡地带逐渐转变为趋于完善的市区,外围地带则不断地向市区或准市区演化,城市发展的状况一目了然。

城市用地模式的研究主要发生在1920～1940年，偏向于对城市的静态分析，忽略了城市动态发展、城市间联系和城市网络结构的研究。中国科学院南京地理与湖泊研究所的姚士媒、帅江平先生认为，城市模型的建立在目前有三个不可回避的问题：一是城市土地利用的调整是一个持续的过程，调整的动力是什么？在打破原有模式的合理性之后又如何建立新的合理性？二是在城市土地使用结构及其调整过程中，城市中心和集结地应如何适应城市发展？中心构成的网络结构应如何调整？三是连绵城市带的形成，其内部机制和土地利用模式如何？城市间的相互作用对城市用地产生何种影响？①

(二)城市用地的功能分布

如果深入剖析城市的内部结构，人们就会发现城市形态不是一个抽象的概念，而是一个具有极其丰富内涵的实体。城市形态表述了在不同历史阶段人们对自然环境、生活方式的观念与态度，反映了人们在特定历史阶段的科学技术水平。由此可见，城市形态的产生与演化是以人类的社会需要为准则的，即人类生活的状态要求具有维持人类活动展开的空间环境。因此，我们可以很容易地从城市地域范围内找到不同类型的空间形态，从中发现城市形态构成的内在规律。

1.城市形态的意义

城市形态是城市发展变化的空间特征，这种变化是城市内外矛盾的结果。对于城市形态的研究，有利于发现形态构成的结构特点、形态存在的背景条件和城市发展过程中形态变化的规律，从而保证城市规划应有的预见性。

城市形态表述了城市的地域特征。从客观分析，不同经纬度具有不同的气象特征，气候的炎热与寒冷、温湿度的变化以及动植物群落的不同，必然在城市形态中有所反映，并成为城市的地域特征。比如，我国著名的城市广州与哈尔滨处于不同的纬度，拥有不同的地域气候条件，反映在城市空间尺度上的特征是广州的建筑趋于密集、通透，以避开夏日的炎热；而哈尔滨则加大建筑间距以求在寒冷的冬季获得必需的日照，建筑的特征也趋于封闭和密实。就一个具体的城市而言，城市的形态与城市所处地域有着直接与必然的联系，这也正是各国城市富有个性、具有特色的一个主要因素。确切地说，世界上无法找到两块拥有完全一样地形条件的地域，人类创造出各具特色的城市是一个必然，一切忽略自然特征条件的设计、规划是人类的一种悲哀。城市与自然环境具有相互依存的共生关系，城市形态表述了人类对自然环境的态度。在中国古代，“风水

① 参见潘世炳：《中国城市国有土地产权研究》，华中农业大学博士学位论文，2005年。

说"是以朴素的自然观和"避凶趋吉"的心理来表现人类聚居与环境的关系。

关于城市活动,我们常常以城市性质来确定城市的主要职能或主要特征,显然,不同职能的城市具有不同的城市形态。风景旅游城市、工业城市和一般性城市必然会形成不同的城市形态。风景旅游城市通常是重要的历史名城,拥有优美自然景观的游览胜地,有着悠久的历史,其城市的特征、形态以及活动必然会以风景资源的开发和利用为主体,并以此作为整个城市的中心主题,明显区别于其他类型的职能城市。桂林是我国著名的旅游城市,具有峰秀、水清、石美、洞奇的特色,独秀峰、伏波山、叠彩山、七星岩、榕湖、杉湖、漓江、桃花江有机地组合在城市的结构中,优美的山、秀丽的水和城市生活有机地融为一体,构成独特的城市形态,城市生活也是以旅游业为主导产业,带动全市的经济发展。而在工业城市中,城市的形态特征、城市的生活则由城市的产业性质所确定,不同类型的工业城市具有不同的形态,工业生产的结构、方式影响着城市的发展形态。例如,矿业城市以采矿和深加工为主导产业,矿业的资源条件是矿业生产布局的自然基础,矿藏的分布影响着矿区生产的结构,进而直接决定了城市的形态。安徽省淮南市是我国重要的采煤工业城市之一,煤炭资源丰富,品质良好,其生产条件及交通条件便利、水源充沛,为综合利用煤炭资源提供了十分有利的条件。淮南市发展成为"以煤炭为主体,电力、化工为重点"的新兴工矿城市,城市的形态与煤田的分布相一致,为多点分散布局,成为东西长达50公里的"百里煤城"。由此可见,城市活动及功能性质决定了城市的形态,不同的城市性质或不同的城市活动必然会产生不同的城市形态。

在城市的内部,人类的行为与活动千差万别,但城市活动与城市形态的对应是一种不容忽视的基本原则。因此我们可以看到,城市在不同地段、地域具有不同的形态、尺度,以此来满足城市活动的需要。在城市的中心区,城市公共性活动极为剧烈。因此,城市中心区具有高密度的社会压力、高交通量的城市形态:建筑物的尺度巨大,人流密度极大,拥有剧烈的公共活动。而在城市的居住区中,可以看到宁静的生活氛围,适度的建筑密度和空间尺度,充满生活气氛的日常琐事、活动反映了空间的物质特征,随风飘拂的衣物和游戏的孩童反映出城市生活的另一个侧面。无论是居住新区还是城市旧区,其建筑尺度、物质形态都充分表述了居住生活的种种特征。

城市形态表述了城市的文化特征,城市作为一种物质载体,是人类聚居最基本、最主要的形式,并以其所特有的属性真实记录了人类进步的历程。城市中,由广场、纪念性或标志性建筑物组成的特定空间或地段记录了城市的过去与历史,虽然,历史事件瞬间即逝,但与事件相关的环境则打上了历史的"烙印",成为人类活动的印记和城市发展的见证。北京故宫气势恢宏,记录了明清时期封建社会的结构特征，表达了封建宗法礼制和帝王至高无上的权威，以极为严正甚至过于刻板的建筑语汇表述了帝王的政治权力，“穷天下之力以奉一人”的指导思想一目了然。

城市形态的文化特性还包括城市形态所表达的社会学特点，即城市形态表述了不同时期、不同地域的社会组织方式、行为模式、观念与习俗等非物质含义。就居住而言，北方住宅以四合院住宅为代表，按南北纵轴线对称布置房屋和院落，中轴线上的正房供长辈居住，东西厢房是晚辈的住处，正房、厢房和垂花门围合成的正方庭院，构成了住宅的主体部分。

四合院结构表达了封建宗法礼教的影响力；而长江下游江南地区的住宅则以封闭院落为单元沿纵轴线方向布置，但方向不限于正南正北，大型住宅在中央轴线上建有门厅、轿厅、大厅及住房，在左右轴线上布置客厅、书房、次要房屋，虽然住宅的轴线关系表述了等级的严明。在福建西南部及广东、广西的北部，客家土楼表述了一种聚族而居的居住行为，平面方形、矩形或圆形，最大的土楼直径达70余米，以三层环形房屋相套，房间达300多间，外环房屋高四层，中央二环房屋高一层，中央建堂供族人议事、婚丧典礼及其他公共活动之用。客家土楼以向心的方式表达了家族等级关系，而堡垒般坚实雄伟的外观表达了客家居民的戒备心理。

综上所述，城市形态不仅仅是城市规划的形式、风格、布局的物态表现，也是城市历史、文化、社会、经济、地理和科技综合作用的结果，是人类活动的物化过程。虽然城市作为物质形态有其自身的规律，具有相对的稳定性，但是人类处于一个不断进步的过程中，城市活动的变化必将引起城市形态的改变，城市必然会以其变化的形态来适应人类的需要。由此可以得出，城市形态将处于一种变化、发展的过程之中。

2. 城市用地的功能分类

城市活动、城市运行和城市建设都必须依赖于城市的物质环境，城市用地是城市一切活动的载体。城市用地可以是高度人工化的或以自由状态存在的，城市用地的开发、利用直接决定和影响着城市的形态。

城市用地不同于农业生产用地。在农业生产中，土地具有生产对象的作用，是一种基本的生产要素；而在城市中，城市用地起着承载作用。由于土地具有空间位置的不可移动性和使用的排他性，因此城市用地的如何利用和优化组合是城市规划、城市发展研究中的一个重大课题。

城市用地具有自然、社会和经济三大属性。

城市用地具有自然属性。土地的自然生成具有不可移动的特性和明确的空间位置。当与其他因素进行比较时，就可以发现地块之间必然存在空间关系的差异:近远、高低、大小……土地的自然属性还包括土地所特有的"质"和"貌"的特征。"质"的特征指的是土地的内在地质条件,沼泽、淤泥、软土层或黏土层、岩石结构等,地质条件对城市地价、建筑建造成本的影响最大,地质条件决定了城市用地的承载力,地质坚实,承载力较大,有利于城市建设。"貌"的特征指的是土地的地表状况:地形的起伏、地表的状况直接影响城市的平面组织与空间结构,地形起伏的用地容易产生丰富变化的城市景观,但过于复杂的地形无疑会给城市建设带来开发的难度。由此可见,城市用地具有不可移动的稳定性,但可以人为地改变用地的表层结构或形态,改变的强度取决于使用者的意愿。

城市用地具有社会属性。我国实行土地国有化政策,《中华人民共和国土地管理法》规定:"中华人民共和国实行土地的社会主义公有制","国有土地可以依法确定给全民所有制单位或集体所有制单位使用,国有土地和集体所有土地可以依法确定给个人使用"。也就是说,国家或集体拥有地产权,但按照土地所有权与土地使用权可以分离的原则,单位或个人可以通过合法手续获得土地使用权。在我国,土地地权与使用权的隶属关系经过立法程序得到了法律的认可和支持,由单位或社会的强力控制与调节明显地反映出城市用地的社会属性。

城市用地具有经济属性。城市用地因区位和利用潜力的不同而存在着价值的差异。城市用地的区位直接影响土地使用者的经济效益,由于城市各种活动(经济、生产、娱乐……)对土地区位要求不同,土地区位优劣的决定标准显然因不同土地使用种类而有差异。在一般情况下,凡接近经济活动的核心、要道的道口,行人较多,交通流量较大,越有利于商业高度发展的地带,地价必然高;反之,闭塞街巷、郊区僻野地价必低。城市用地的利用潜力各不相同,即使是同一块用地,可以建造6层的建筑也可建造2层的建筑,其利用效率显然存在很大的差异,当然也可通过人工处理建造20层或30层的建筑物,从而提高土地的利用率,发挥出用地的最大潜力。城市用地的经济属性最直接的表述形式是城市用地的地价、租金或费用。

城市用地的自然属性、社会属性和经济属性决定了城市用地的多样化和复杂性,按照城市形态与城市活动一致的原则,城市物质环境的构成取决于城市活动的种类,即城市的功能。不同类型的活动要求不同的空间环境,需要不同的空间形态。举行大型足球赛的场地、商业零售场所与家庭日常生活场所有截然不同的要求,必然会产生不同的空间形态。

城市用地按照土地使用的主要性质可划分为:居住用地、公共设施用地、工业生产用地、仓储用地、对外交通用地、道路广场用地、市政公用设施用地、绿地、特殊用地、水域及其他用地。

3.典型城市用地的特征分析

就一个城市而言，不同性质的城市用地具有不同的职能，相互之间不可替代。我们可以把城市用地分为三大部分：第一部分为城市活动的基本空间，即公共设施用地、工业生产用地、仓储用地、居住用地和特殊用地；第二部分为城市活动的技术支撑空间，即对外交通用地、城市交通与广场用地、市政公用设施用地；第三部分为城市活动的环境因素，即绿化用地、水面及其他用地。

这种划分以与城市活动的相关程度为依据，虽然每一类用地在城市中不可替代，但从维持城市活动展开的意义分析，其重要程度各不相同。

城市活动的基本空间满足城市日常生活、居住、生产和交换的基本职能，活动的烈度决定了城市的规模；假如在一个城市中发生的某一“事件”只能引起本城居民的兴趣及周围地区的影响，那么这个城市可能是一个一般性城市或城镇；假如“事件”能引起周围诸多城市的注意，那么这个城市的地位是地区性城市；假如“事件”能引起世界范围内的共同关注，那么这个城市将被认为是世界城市。当然，每个城市的影响力都在变化，有些城市的影响力会增强，有些城市的影响力会减弱，这反映出城市生长、变化的特征。

城市的一切活动都是动态的，城市活动的展开基础是城市的运动、流动，这种运动行为包括人流、交通流、物流和信息流，其物质载体就是我们常见的道路、市政公用设施，它们保证了一个城市的正常运转。不难想象，一个城市的支撑条件发生了故障，城市活动必然会趋向于瘫痪，城市的支撑条件是城市的生命线，支撑空间的效率直接影响了城市的运行效率，决定和制约着城市活动的烈度，进而影响着城市的规模与地位。

城市的环境因素决定了城市活动的质量，任何一个城市都不是一个完全的人造物，它是自然环境与人工环境的综合体，从科学的角度分析，一切人造环境以及人类活动的负面影响都必须控制在生态环境圈可承受的范围内，否则生态环境将会随着人类活动负面影响的不断积累最终走向失衡。当今，可持续发展的思想指明了人类与自然环境的关系，人类应该有限度地开发、利用自然环境，形成人类与环境的和谐关系。

城市活动空间、城市技术支撑条件和城市环境因素是一个相互促进、相互制约的关系框架。城市活动的烈度必然会形成城市支撑条件的标准，必然会通过用地扩展来改变城市的环境因素；同样，城市的技术支撑条件可以通过增强或削弱的手段来影响城市活动的烈度，可以通过技术支撑的水平来调整城市活动与生态环境之间的关系，城市的自然环境因素也可以促进或制约城市活动的展开。

三、城市空间结构及扩展方式

城市发展是一个生长的过程，这一过程受到了城市活动及城市内部结构的影响，同时也受到城市外围自然条件及其他社会因素的影响，它们的共同作用决定了城市的发展。

考察城市发展史可以看到，城市的发展过程归根结底是一个“打破平衡，恢复平衡，再打破平衡”的动态过程，是一个不断进步的过程。当城市环境适应城市活动时，城市将处于积极、上升的阶段；当城市环境难以包容城市活动时，城市将处于抑制、停滞状态。城市活动决定了城市环境，同样，城市环境又会影响城市活动。当然，城市环境是否适应城市活动取决于城市环境构成因素的相互关系，即城市的空间结构。城市的发展是必然的，城市发展的关键是城市结构的生长。

（一）城市空间结构的形式

研究和理解城市的空间结构，必须考察城市空间结构的生成因素、结构形式和结构关系。虽然城市空间结构的形式偏重于对城市物质形态关系的表述，如城市物质因素的分布状况、城市土地利用结构、城市交通结构、城市空间体形结构，但是这一切都会受到城市活动（城市的社会结构、经济结构）以及城市生态结构的影响。

1. 生成因素

城市空间结构的生成主要有二大因素：一是使人类行为实现的“场所”；二是使人类行为保持连续的“路径”。

挪威建筑师、建筑理论家舒尔兹关于场所的描述是“个人可以找到一个在发展过程中与他人共有、并使自己得到最佳同一性感觉的结构化整体”，其中，最重要的是同一性特征。场所可以通过自然的、人工的物质环境因素进行组织，其构成总和具有面的几何特征，这一现象被 K·林奇描述为“地域”。人类行为实现的空间必然与人的活动相关联，这一关联包含了活动的两个方面，即活动参与的公共性和保持个性的私密性，活动的烈度在二者之间进行变化。为了保持个人拥有的私密性，在物态环境中必然要求占据与其相称的范围，即“领域”，体现个体之间必要距离的界限，以满足实现多种个人行为的要求；同样，公共性的特征又使个体的共同参与构成了活动的整体，共同占有适当的空间与范围，场所作为公共活动的物质基础必须满足活动的要求，构成为活动而存在的、明显的界限和边界划分，场所因活动的存在或发生构成了一个“格式塔”。

场所与其发生的活动具有一致性。它会自然呈现出集中、聚集的特征，形体轮廓最简洁的表现形式为圆形或趋向于圆形，参与者的伙伴意识因此而得到加强，在共同的意义中心实现会合，场所作为活动实现的物质条件，必须保持其接近性、向心性和闭合性。

人类在空间位置上的移动是一种必然的行为。人类活动不是孤立的，而是保持着时间和空间上的连续性，与这一行为相对应的物质环境为“路径”。与“场所”相比较，路径具有线的特征，带有强烈的运动倾向、连续性和指向性。

任何路径都标志着始点与终点，以此建立了“场所”之间的联系。关于城市中人的移动研究表明，即使在同一地点，走向同一目标，也常常会因为人的不同而选择不同的路线，人们喜欢选择的路线也因他当时的心理状态和所保持的状况而异。莱文则认为，路线的选择与建立不是由单一因素决定的，它是“短距离，安全性，最小工作量，最大经验量”等因素综合决定的。

其实，场所与路径是不可分离的，场所一般通过路径与各个方向、各种场所产生联系，路径在促进这种联系的同时，相互联结构成网状组织，沿线边缘的同一性确定了场所的范围，强化了场所的闭合性。舒尔兹认为，场所与路径的关系产生了一个基本的二分法，即场所强烈的向心性和路线所表达的长轴性。向心性是把归属于某个场所的要求象征化，强调的是向心、聚集和同一性；长轴性则强调了运动和扩展，表达了运动的力度和张力。

以不同尺度去考察人类活动与物质环境的对应关系，我们发现：在区域范畴内，城市被描述为场所，而城市间的联系被理解为路径；在城市内部，能支持各种活动的地段、地域可以被认为是场所，加强城市各部分联系的道路可视为路径；在同一地段中，以组织方式的变化也可以分为场所与路径。例如，在居住街区中，由公共建筑设施构成的公共区，和组团住宅组成的庭院可理解为场所，构成二者相互联系的道路被称为路径，即使在建筑物的内部，同样也可以被划分出“场所”与“路径”，即活动部分与联系部分。

2.结构形式

只要仔细地观察城市的运行状况，我们就能发现城市活动具有不均衡的特点，城市活动的不均衡主要表现在活动烈度和活动地点上。

城市活动烈度不均衡与活动的参与者有直接的关系。城市活动因人而异、因地区而异、因类型而异，包含两极间的若干层次：一极是以个人或家庭生活为代表的私密性行为；另一极是以相互交往、共同参与为特征的公共性行为，两极之间包含若干不同强度的活动类型。在任何一个城市的日常生活中，我们都可以很容易地分辨出活动的公共性（或私密性）的强度变化。如在去大型商场或购物中心购物，在车间或办公室上班，去户外散步，在室内欣赏音乐……在这些活动或类似的活动中，存在着一个极为简单的常识：一项活动涉及的人越少，私密性越强；反之，公共性越强。城市由若干人群组成，每一个或每一组人的主观、客观要求各不相同，所以在同一时间，城市活动必然会呈现出形式各异、活动烈度不等的状况，这是城市活动的真实表现。

城市活动的不均衡还反映在地域分布上，在分析城市用地形态时，我们知道城市用地存在着不同的区位关系，城市的不同用地具有不同的意义，不同用地条件支撑和维持着不同类型的城市活动。当我们把城市活动的烈度分布与城市用地的区位特点结合起来考虑时就不难发现，城市活动烈度最高的地区常常是公众参与性最强、可达性最好的地区，即具有支持行为与活动展开的场所和便于市民到达的路径。

把城市活动进行分类，大致可以分为两种类型：一种为私密性行为，多为个体行为，影响面较小；另一种为公共性活动，是多人参与的“集体”行为，公共活动的烈度与参与人数相关。活动涉及的人越多，影响越大，公共性越强，对城市越重要。如果“忽略”城市中私密性活动及其场所，我们可以简化出一个极为清晰的图形——以公共活动及场所为“图”和以城市轮廓为“底”的图形。

城市空间结构可以概括为单核点状、线型带状、十字星状、多核网状等形式。

(1)单核点状结构

单核点状结构是城市空间结构的基本形式，以城市公共中心为结构核心，公共活动烈度随着距核心的距离增大而衰减。这一空间结构的特点是核心向各个方面具有等同的意义，城市核心拥有“主宰”城市的影响力，带有强烈的向心和聚集的倾向。其规模的大小取决于核“影响范围”的大小。但是，核的影响力无限扩大时，势必会导致各种因素在核心区的过度聚集，进而导致核心区难以承受。

(2)线型带状结构

线型带状结构是指城市的公共中心由点状结构扩展而成。城市公共中心带状分布具有点状核心结构的优点，核心的带状伸展增加了城市核心的“影响范围”，带状核心改变了单核结构的向心特征，功能结构具有良好的均衡感，带状核心的可伸展性较好地满足了城市继续发展的需要。带状核心的完整性和连续性是维持这一空间结构的关键，一旦带状核心被“断裂”，那么结构将会被破坏。

(3)其他城市结构形式

面对能源问题、生态问题、人口增长问题以及科学技术的不断进步，众多建筑师和规划师不断探索新的城市结构方式和城市形态，表达人类对未来城市结构形式的设想。是否有可能或有必要实现这些设想，完全取决于人类所面临的客观环境和人类具备的能力。

新型城市结构模式的设想都建立在高度技术化的基础上，最有代表性的为：①巨型结构城市不是在地表呈水平方向扩展，而是通过技术手段向高空发展，设想把城市建设在一个巨大的框架上，通过标准单元进行任意组合、更换；②地下城市以最新的建筑技术、设备、材料等科技手段开发地下空间，建设地下城市；③海上城市在大型海上石油钻井平台和海底隧道技术的基础上建设海上城市；④外层空间城市以人类太空技术为基础，拥有自平衡生态圈的城市模式。

总而言之，城市空间结构形式是城市活动的物质表现，对城市空间结构的评判不存在先进与落后之分，更没有最佳形式和最理想的模式可言。

3. 结构关系

我们抽象地分析了城市的空间结构形式，但是，城市活动远远比我们描述的要复杂、丰富得多。城市活动在公共性与私密性两极之间的无限层次决定了城市活动的复杂性，与之相对应的城市空间构成也形成各种规模不等的“场所”，支持城市活动的展开与持续。在任何一个城市中，我们都可以发现由众多公共设施组成的城市中心区，由部分设施组成的区级中心，由小型设施组成的街坊中心及由数幢住宅组成的庭院，甚至更小的、带有公共倾向的单元。由此可以理解，即使被我们认为最为简单的单核结构城市也是由若干大小不等的场所或区域组合形成的。当然，城市不是独立存在的“孤立国”，城市中任何一个区域也绝不是一个独立单元，它与城市的其他部分共同工作而发挥作用，实现其意义，“共同工作”的含义是各区域之间的相互联系，毋庸置疑，联结方式决定了城市的效率、质量，反映了城市生活多样性、复杂性的程度。

(二)城市空间结构的扩展方式

由于社会的进步促使人类活动向城市集中，城市化成为一个必然的趋势，城市必然以不断发展来适应这一变化。在物质形态及空间结构上，城市将以“外部扩展”和“内部重组”的方式进行发展，以满足城市发展的需要。值得注意的是，城市活动与城市环境之间存在着互为因果的对应关系，它们相互促进，相互影响。

1. 城市结构的生长机制

城市化是社会发展的必然，不以人的意志为转移，城市化现象表现为社会生产力的发展和生产方式的不断进步，其主要特征是人口由农业类型向工业类型转化，并向城市聚集，城市活动烈度增强。

城市化的第一阶段为城市化初期，即前工业化阶段，以劳动密集型家庭小生产为主，产业结构中第一产业占有主体地位。城市人口增长缓慢，城市经济活动局限于小型家庭企业，就业者主要是工匠、小商贩、食品销售商及其他低层次的服务业人口。当人口比重超过20%时，城市化进入第二阶段，即工业化阶段，城市化进程出现加快的趋势，并持续到城市人口比重达到70%时趋于平缓，这一阶段经济活动由家庭转向企业化、集团化生产，工业活动集中性增强，吸引了大批农村劳动力，带动了经济各部门整体水平的提高，城市发展得到极大推动。工业化阶段可分为三个时期：一是早期，工业生产以劳动密集型为特征，吸引大量劳动力，劳动力分配呈现出第一产业下降，第二产业上升的趋势，即在第一产业稳定、进步的同时，实现了劳动力的第一次转移；二是成熟期，工业生产技术日益成熟，由劳动密集型向技术密集型过渡，继续吸引劳动力，第一产业呈继续下降趋势，第二产业已经成熟，劳动力的比重出现微缓下降的倾向，同时孕育着第三产业的发展；三是后期，第三产业呈现出强劲的上升势头，第二产业在技术进步的基础上出现劳动力向第三产业转移的现象，实现了劳动力的第二次转移，应当注意的是，与第一次转移相比较，劳动力的素质发生了质的变化。在城市人口比重达到70%时，城市化进入第三阶段，即后工业化阶段，这一阶段，城市人口比例在数量上的变化趋于平缓，为60%～80%，产业结构以第三产业为主体，特别是信息产业的发展强化了第二、三产业的调整，并由此引起城市结构与形态的调整，交通网络、信息网络得到发展与完善，大型生产部门迁往边缘地区和中小城市，其在市中心的地位被知识密集型公司所取代，主要城市的功能逐渐由产品加工和低层次服务向信息处理和高层次服务过渡。

城市化进程经历发生、发展、成熟三个阶段，其基本变化规律是：发生阶段变化速度缓慢，发展阶段变化速度加快，成熟阶段变化速度又趋于平缓。这一规律具有普遍性，不仅适合于已经实现了高度城市化的发达国家，也适用于世界上绝大多数国家与地区。目前，我国城市化进程处于一个微妙的发展时期，城市化水平为45.68%，处于城市化快速发展阶段，而三大产业同时处于技术进步的上升阶段。

城市化进程的加快，对我国城市环境是一个重大考验。长期以来，我国的城市建设一直建立在计划体制模式的基础上，我国实行经济体制改革，国民经济发展进入了持续增长的时期，但在这期间，城市建设的速度明显低于经济增长的速度，城市在日常运转中暴露出许多问题。陶松龄先生认为城市问题主要表现在四个方面：城市用地的扩展跟不上城市化的增长；城市内部各项用地的扩展不平衡；城市上部建筑和基础设施建设不平衡；城市发展和社会、经济、文化设施配置不相适应。虽然经过努力，这些问题在不同程度上得到了解决，而原有城市结构与当今城市活动之间的矛盾并没有得到彻底解决，导致城市品质下降，城市空间得不到合理利用，不同区位的功能效益无法充分发挥，生态环境失衡，城市特色丧失。

在21世纪，我国迎来了城市化的快速增长，与世界发达国家相比，我国城市化进程带有很强的"中国特色"。世界发达国家的城市化进程与科学技术的进步同步进行，即劳动力的第一次转移以工业革命为背景，劳动力的第二次转移以信息产业的发展为基础。我国是农业大国，农村经济体制改革之后，农村富余劳动力增多并向城市转移是一种必然现象。这一现象的背景已经大大不同于发达国家工业化阶段早期的发展状况，即我国处于第一、二、三产业同步发展，全面现代化的上升时期，我国既要实现第一产业富余劳动力的转移，同时城市产业结构必须在市场经济模式下进行调整，使城市化过程中产业结构更加符合经济持续增长的需要。人口的大规模转移和产业结构的同步调整将成为我国城市化进程中的主要特征，这也是我国城市发展的真正动力。

在城市化进程中，城市物质形态的演变将以"外部扩展"和"内部重组"方式共同作用，形成新的城市形态结构来适应城市化、现代化的需要。

由于社会进步引起的城市职能变化与调整是城市物质形态变化的主要原因，当城市活动的规模扩大、烈度增强时，城市将通过用地和空间的扩展来增加城市容量，接纳新的活动内容，支持城市的活力。伴随着城市在地域上向外扩张，城市内部将根据运转效率规律进行城市功能的重新组合，其主要表现为城市的中心地区或区位优越地区的公共性加强，第三产业的职能不断强化，地价上升，均质度提高；工业区向城市外围迁移，居住区则相应扩大或调整，城市功能则依照其区位"同质结块"进行组合，使城市物质环境与城市活动趋于协调。

城市形态结构的变化是一个极为复杂的过程。齐康先生认为，自然力和人为力交替融合的作用对城市形态发展的影响十分明显。所谓自然力，是社会自发的、无计划的发展，表现出典型的"修修补补的渐进的"特点，常常通过自发的调整来满足人的需求，处理与周围环境的关系；人为力则是人们按照某些规则、有计划地行动，常常把人们的种种要求转化为"目标"或"纲领"实施，注重其完整性，较多地体现了理性与秩序的观念。城市形态演变的历史，特别是工业革命之后城市发展的现实表明，具有前瞻性的发展规划对于一个城市的发展是十分必要的，只有通过整体的、动态的形态规划才能有效地进行扩展并消除发展过程中的矛盾与问题。因此，人为力是社会、经济、科学技术和文化等多种城市发展影响因素的综合体现，对城市的发展起着主导作用。[①] 值得注意的是，不可低估自然力对城市发展的影响。由于自然力以自发性为特征，所以其与人为力的组合就存在相加或相减两种可能，相加则成为积极因素，共同促进城市的发展，相减则为消极因素，自然力将削减人为力的作用。

概括地说，进入21世纪之后，我国城市化进程的速度加快，劳动力的大规模转移和第一、二、三产业同步发展是我国城市化的主要特征，这也是我国城市发展的真正动力。因此，我国城市将进入一个全面发展的阶段，将通过“外部扩展”和“内部重组”来实现城市结构形态的调整，扩大城市容量，适应经济持续增长的需要。在城市发展过程中，应该建立一种包容性强、适应性广的机制，调动一切力量，促进城市合理、协调发展。

2.城市结构的扩展方式

城市物质形态的扩展以城市结构扩展为基础。虽然说世界上没有形态完全一样的城市，但城市的扩展方式具有相似性，概括起来，可以分为四种类型：单核生长的同心圆式扩展模式，轴向生长的带状扩展模式，多核生长的延连扩展模式和多核生长的结构重组模式。

(1)单核生长的同心圆扩展

同心圆扩展方式是以点为中心、全方位向外扩展的发展形式，这一扩展方式以单核城市或城市的点状公共中心的发展表现最为典型。

城市的日常运转以城市中心区公共性最强。城市中心区是物资、能量、信息交流和人流汇聚的中心，中心区的物质形态是公共活动存在的背景与基础。当中心区的物质环境对活动提供强有力的支持、公共活动具有良好的效率与质量、活动参与者有较好的满意度时，城市中心区变得具有更大的吸引力，将会吸引更多的活动进入中心区，使中心区的职能得到不断地强化。同时，城市中心区的物质环境将在“活动项目”的引导下进行扩展与建设，以扩充城市中心区的环境容量，使两者趋于协调一致。这一过程使城市中心区呈现出规模扩大化、职能综合化的趋势，在市民的心理上产生了巨大的向心力，这一相互促进的过程与伯吉斯的同心圆模式是一致的。

城市中心区活动性的增强对周围地区将产生巨大吸引力，这种吸引力的存在把更多的活动吸引到中心区来，这是一个“自我强化”的过程。显然，城市中心区的活动烈度增强、规模扩大的关键是把“活动”不断地吸引到中心来，能否做到这一点，完全取决于中心区与周围地区的连接方式和效率。

周围地区通过指向中心区的道路进入城市，与中心区建立起最直接的连接

---

① 参见杜春兰:《山地城市景观学研究》,重庆大学博士学位论文,2005年。

方式。从区位关系看，邻近中心区但远离交通线的地块，其交通效率有时与远离中心区而邻近交通线的地块具有同等的交通效率。因此，城市形态扩展时，会出现沿交通线优先发展，然后横向填充的倾向，以实现城市的形态扩展。连接方式的便利，即城市中心区与周围地区的交通条件直接影响城市的扩展和城市形态的改变。

单核生长的同心圆扩展方式是城市中心区活动增强、吸引力增大的状况下城市扩展的方式，扩展取决于中心区的规模、吸引力和周围地区的连接方式。假如城市中心区的外围条件相等（无外围吸引点的作用、无自然制约条件因素），城市形态将以点为中心呈全方位同心圆方式扩展，一旦外围的人为或自然条件发生变化，城市同心圆的模式必然会产生变异。

（2）轴向生长的带状扩展

城市结构沿某一方向优先发展并使城市形态发生改变，表现出带状伸展，可以称为轴向生长的带状扩展方式，这一扩展方式在不同规模的城市中都可以找到原型。无论是自发的、还是按轴向生长的扩展方式规划的，带状都是这一扩展方式的形态特征。

关于城市轴向生长的带状扩展，众多研究认为城市对外交通是引发城市带状扩展的主要原因。便利的交通条件提供了交流的机会，促进了公共交往的实现，引导和带动了沿道路两侧用地的建设与发展，满足了城市扩展的要求。

齐康先生认为，城市轴线分为两大类：一类是为实施而构筑的“实轴”，另一类就是求得城市构图意向的“虚轴”。城市实轴带有强烈的功能性，指向城市中心的对外交通通道拥有良好的交通条件，除了满足城市对外交通功能之外，沿道路两侧根据其效率向两侧腹地扩展，通常会成为城市新开拓的发展地带。[①]城市“虚轴”带有明显的文化内涵，利用建筑物与空间组合表达着城市的历史演化过程，是人类心理的一种物化表现，如北京的故宫中轴线、巴黎的东西向轴线和华盛顿中心区轴线表达了东西方不同的文化渊源和历史演化，成为控制城市发展的无形力量。[②]

城市轴向生长的带状扩展，必须考虑轴向发展与城市中心、城市轴线及城市新的生长点之间的关系，协调它们的关系是城市发展连续性的要求，是城市有序生长的需要。由鲍尔（Walter Bor）主持的利物浦次区域规划采用“指状”结构，较好地解决了利物浦在区域范围内的发展问题，而巴黎拉·德方斯副中心的建设则很好地发展了巴黎的中轴线。

---

① 参见赵峰：《建筑轴线设计研究》，哈尔滨工业大学硕士学位论文，2007年。

② 参见李婧：《中国建筑遗产测绘史研究》，天津大学博士学位论文，2015年。

城市沿对外交通线的蔓生扩展方式是一种类轴向生长的扩展，这一形式在我国的大、中、小城市的边缘地带特别典型，并带有明显的自发性倾向。这一做法的价值取向可谓“借鸡生蛋”，即利用城市已存的道路，在尽可能少投入的条件下实现城市扩展，但自发性常常会导致功能组织、空间组合上的盲目性和偶然性，使局部地区失去应有的秩序。临近交通发达的道路会使建筑物获得较强的公共性，道路两侧建筑物的密集布置导致道路公共性倾向的强化，使道路上公共性活动的类型及烈度得到强化，从而丧失了道路最基本的功能——对外交通。

(3)多核生长的延连扩展

城市外围地带出现多个生长点，彼此之间产生“磁性相吸”，并逐渐延连成片的扩展方式，城市在扩展中呈现为复合生长的形态。

多核生长的延连扩展方式大多出现在特大、大城市中，在中、小城市通常表现为“双核生长并相吸填充”的模式。这种方式与同心圆、带状扩展方式存在着根本的差异：同心圆、带状方式扩展都是由原点辐射扩展，而多核延连扩展则是在城市多核生长的延连扩展方式形态以外形成生长点，并呈现相吸趋势，延连成片，是一种独立生长、相吸成片的发展方式。

多核生长的模式较为复杂，它存在着数量、规模、核间距离以及生长速度等变量因素，但概括起来，大致可以分为两种类型：一种类型主要受城市活动的主观要求影响，即城市活动烈度增强。城市进入快速增长阶段，迅速在城市外围有意识地选择新的生长点接纳“城市活动”，由此引起城市形态的改变，从而达到扩展的效果。最为典型的方式是：在城市外围建设“工业园”“科技园”等经济开发区来发展新型工业项目；在城市外围建设独立或半独立的大型居住区或卫星城来缓解因城市内部过度聚集引起的环境问题；或者由城市外围的某些节点因其某种优势（交通、资源、产业等）迅速发育为新的生长点，对城市结构进行补充与扩展。另一种类型是在自然条件客观制约下的扩展过程。城市周围缺少宜于建设的用地，城市形态的扩展受到了地形、水系等自然条件的制约，城市不得不选择外围用地进行扩展。地形复杂的厦门市是最为典型的一例。为了适应城市的经济增长，厦门迅速由单核结构发展为多核生长结构。

城市多核生长模式在出现新的生长点之后，城市扩展将进入类似单核生长的阶段，即以生长点为中心的同心圆式扩展。不同的是，由于多核之间存在着相互间的吸引，因此城市形态的变化将反映出填充连片的倾向与趋势。

多核生长的延续扩展模式是以多个单核形态进行组合的城市结构，这就要求每个单核应该具有相对完整的职能结构和自增长的能力，而且这也是多核生长模式的必要条件。这一扩展模式的最大优点是以分散、独立的方式进行城市物质环境的扩展，在支持、促进城市活动性增强的同时能够保持良好的生态环境。

多核生长的模式把城市活动在较大地域范围内以分散的方式进行构建，必然会使城市的空间距离增大。为了保证城市的运转效率，就必须建设高效率的道路系统保证多核之间的高效率连接。不容忽视的是，多核生长过程中，核间“磁性相吸”带有极强的蔓生色彩，必须通过恰当的方法进行控制与引导，把这种蔓生填充纳入正常的扩展过程中来。

(4)多核生长的结构重组

多核生长的结构重组扩展方式不以城市形态外围扩张为主要特征，而是在城市内部通过城市功能的替代性改变，从而实现城市空间结构的调整与变革，达到扩大城市容量的目的。这一扩展方式大多发生在特大、大城市中。

随着社会进步，特别是科学技术对人类生活的广泛影响，城市生活始终处于不断变化、进步之中，这种进步使城市活动以“流行”“时髦”的方式向前演化，不间断地进行着新陈代谢，城市生活的不断进步具有引导城市活动更新的功能。而城市物质环境的建设——包括建筑物、构筑物、道路及基础设施等多种人工因素和树木、水系、山体等自然因素的有机组合——是一个长期磨合、渐进的过程，与城市活动的更新相比较，具有相对稳定性，因此常常表现为城市环境滞后于城市活动的变化，城市环境必然以不间断的“适应性”改造来保证与城市活动的一致性。也就是说，这种滞后性特征是引发城市物质环境更新与改造的原因，二者之间的矛盾不突出时，表现为物质环境的“小修小补”，这是一种渐进式的改造方式；如果城市活动出现剧烈变化，而城市物质环境难以适应这种变化，或者阻碍这种变化，那么就会出现大规模的改造，这是一种突变的改造方式。

城市结构内部重组的基本思路是在城市内的恰当地点，利用其区位优势进行功能替换，使城市公共活动按发展规划的思路分散或集中，实行多点聚集，对城市公共空间网络结构进行变革，扩大容量，提高城市的运转效率与环境质量。多核生长的结构重组是一项结构性扩展措施，这一扩展方式的形态特征是垂直扩展，即提高建筑的高度和密度，增加地块的容积率，形成高密度区。由于“重组”过程中更新地块多为城市活动剧烈的城市敏感地区，多核生长点都具有“牵一发而动全身”的影响力。因此，多核生长过程中把握住“度”极为重要：①增加开发建设的科技含量，确保环境容量与城市系统，特别是城市基础设施的一致性；②建立平衡的交通系统确保更新区的交通效率；③保持适度高密度，以求获得良好的环境效果，消除活动参与者的心理压力。

(三)关于城市结构与形态扩展的讨论

城市的发展是一个连续的动态演进过程，这一过程将根据社会进步和城市活动烈度进行自我调节，呈现着快慢的变化和上升或衰退的走向，虽然城市结构与形态的扩展过程可以分为四种类型，但是城市发展的现实表明，城市绝不仅以某一种方式进行扩展，城市的地域形态扩展与内部结构的重组必然是相辅相成的，是一种复合的、多方位、多向量的扩张，只不过在每一阶段可能以某一种方式作为城市扩展的主要方式。

从宏观角度来看，城市结构与形态的扩展是根据城市活动的变化作出的适应性调整，因此，我们必须把城市作为一个整体来考虑，以结构的调整来引导城市形态的变化；城市结构与形态的变化必须考虑城市特定的地域条件，使城市与自然生态环境建立起平衡协调的关系；城市结构与形态的扩展是一个动态演变的过程，必须加强扩展时序的研究，确保城市的运转效率。

1. 城市空间结构的生长与重组

城市形态扩展的核心问题是城市公共空间结构的有机生长。在城市用地构成中，各类用地实行自我调节，趋于按比例平衡，而城市公共空间是这一平衡结构的核心与关键所在。城市扩展使这一平衡结构受到冲击，并要求达到新的平衡。所以，城市的扩展必须从整体、系统的角度去控制、引导公共空间结构的合理生长，促进城市用地结构达到新的平衡。从目前城市发展状况来看，由于城市建设投资渠道广，投资者的投资规模、投资兴趣以及投资回报率、回报周期的影响，投资者更多地把资金投向居住类建筑，城市形态在不断扩张，而城市公共空间的发展并不明显，城市公共空间与城市活动之间的差距在不断扩大。比如，南京市就出现了大力开发河西地区时，跨越秦淮河的交通量日益增多，以致形成交通阻塞的现象。因此，城市形态扩展应该以城市公共空间结构的扩展为先导，通过公共空间的结构扩展带动城市形态的扩展，才能保证扩展过程中城市的协调性和运转效率。

城市生长是一个连续的过程，城市的空间结构以其独特的方式记录了人类活动的轨迹和城市发展的历史脉络，不同时代、不同的经济发展水平和不同的文化背景将建设不同风格的城市形态，社会的发展、科学的进步必然在城市中留下“印记”和特征，人们从城市结构、城市的组织方式和建筑风格可以体验到城市的文脉关系。保持城市发展新区与城市原有空间结构延续的文脉关系是城市扩展中的一个重大课题，巴黎拉·德方斯副中心的建设是当代城市更新发展的经典之笔。卢浮宫至星形广场这一轴线向西延 5 公里则为拉·德方斯副中心，其长 900 米、面积达 40 公顷。其中，斯普雷克尔森设计的 105 米×150 米×105 米的巨型方框区域成为这条轴线的标志，使香榭丽舍轴线既不完全敞开，也不完全封闭，为这一轴线的继续延伸留下了伏笔。与之相比较，北京城市中心结构选择“新旧双核并列布置”的“双黄蛋”式结构值得商榷，并列双核包含两条轴线:一条是北京故宫的城市中轴线,另一条是当今城市的CBD轴线。北京故宫中轴线长达8公里,通过九道门阙直至紫禁城的三大殿,气势恢宏,登景山之巅俯瞰京城,叠叠层层的城楼规整严谨,举世无双,是世界城市发展史上光辉无比的杰作;CBD轴线则集中力量在局部地区形成由现代广场、楼宇、立体交通等组成的中心,把首都的许多新功能(外事、信息科技、商务、文化娱乐等)适当集中,形成非常现代化、高效率的中心区,建设成为北京的新中轴线。同济大学教授陈秉钊在《给北京规划留下历史的一页》一文中提出:"西古东新""西贵东华""西坦东簇",这种强烈的时代气息反差谁主谁次?并列的双核割裂了二者建立连续性关系的可能,使城市面临着两难的选择。[①]

2.城市扩展相关的自然环境

任何一个城市的发展,并不是一般地处于"自然环境"的概念之中,而是与城市外部具体的自然环境有着密切的相互依存的关系。自然环境是由地形、地貌、地质、水文、气候、植被、动物群等自然要素组成的生态系统,城市的扩展必然对其产生影响,一旦超出其承受能力,自然生态环境的平衡将会被打破。因此,城市发展必须谨慎地处理好城市与自然环境的相互关系。

对于城市发展的建设用地应该客观地分析其价值,研究其容量及自净能力,从自然气候、地质条件和自然景观等方面进行分析理解,以保证城市扩展时,各功能用地的配置与自然环境具有合理、协调的关系。

自然气候条件尤其是太阳辐射、风向、温度、湿度和降水等,对于城市的生活质量存在至关重要的影响。虽然城市气候主要是由大气环流和海陆位置不同所形成的大气候,但特殊的地形和城市环境自身会对此产生小范围气候的改变,形成小气候或城市气候。城市扩展必须充分研究城市的气候特征,在确定城市道路网的走向、布置绿化系统、安排工业用地、选择居住用地时,要正确评价和利用气候条件,以便最大限度地利用其有利因素,抵消不利的气候因素。

城市及周围地区的江、河、湖及地下水的水文条件与较大区域的气候特点、流域的水系分布、区域的地质、地形条件等有密切关系,城市扩展必须处理好与自然水系的关系,在充分利用自然水体带来的种种便利的同时应尽可能减少对水体的污染和破坏,增强水体的自净能力。

城市发展用地的地质条件因地质构造、自然堆积状况和组成物质的差异表现出地基承载力的不同,并受到地下水位变化的影响,还存在着滑坡、冲沟、岩溶、流沙等不利地质现象。城市扩展时应认真分析用地的地质条件,利用符合条件的用地进行建设,避免不利地质、地形对城市的影响和破坏。

---

① 参见王立:《城市结点文化特质及其协同观》,重庆大学博士学位论文,2006年。

除了对城市发展用地的地质、地形条件进行工程评价之外，还必须从景观的角度去进行研究。比如，可以根据景观条件的优劣进行分类，明确和界定主要观赏点和景点，分析各种景观的价值，结合绿地、水域、空地、不同季节植被的质量与色彩等确定各自然景观的位置、规模和轮廓，揭示发展用地的自然特征和景观价值，使城市空间结构与自然环境达到和谐与统一。

3.城市形态扩展的决策方法

城市规划决策建立在“投入—收益”关系研究的基础上，这一关系不是指经济投入与经济回报的直接对应关系，确切地说，是由经济投入引起的环境、经济、社会等各方面变化的综合效果，城市规划的目标是以“最小的投入”获取最好的回报。

城市发展过程中选择城市扩展方向是城市发展的一个重大决策。在相当长的时期内，规划决策一直以主观臆断为基础，随着科学技术的进步和学科交叉，这一状况已经大为改观。特别是系统论、信息论和控制论思想的普及以及计算机技术的广泛应用，规划决策已经由传统的规划师、建筑师、工程师扩大到交通工程师、城市经济学家、统计学家、社会学家、数学家和计算机专家，规划决策趋于科学、合理。

城市发展方向决策的目的是使城市以最合理的方式进行发展，但影响发展的因素是多方面的，有些是积极的，有些是消极的，各种影响因素约束着城市的发展。

城市发展项目可大可小，大到城市的结构性调整，小到沿街建筑的改造，都存在众多变量，以影响因子建立评价体系和决策框架，无论是对规划方案的设计或者是对方案的决策都是一种积极而明智的选择。

第二节　城市中心区的设计更新与发展

城市中心区是城市最活跃的地区，由多种功能及相关的物质要素组成，其特征是公共活动烈度最高，交通指向性集中，物质形态趋于精致，并存在着“自我强化”的倾向，这一特征表明，城市中心区在城市发展过程中具有相对的稳定性和不断扩大的趋势。当然，城市中心区的位置、规模及运行方式在不同类型、不同规模的城市中是完全不一样的。因此，每个城市的特殊性决定了必须寻求切合实际的方法实现城市中心区的发展。

城市中心区具有优越的区位条件和社会、经济聚集的巨大优势。在 21 世纪，我国城市化进程加快和产业结构的调整使第三产业成为城市最活跃的经济因素，是刺激城市中心区更新、发展的强大动力，根据国外CBD演化的一般规律，结合我们经济发展和产业结构的具体情况，我国城市中心区极有可能演化为一种介于传统CBD和现代CBD之间、兼具双重职能的CBD形式。

一、城市中心区的组织结构

城市中心区是城市的核心和标志，具有功能和文化双重意义。任何一个城市不论采用什么方法建造，其指导思想都是一致的——把城市最重要的"东西"放在城市中心。所以，城市中心区的结构、组成和形态表达了人们不同的生活方式、社会组织形式和价值观。

构建城市中心的物质形态存在相似的建设、运行和演变规律。通常城市中心区的位置与城市的几何中心趋于一致，并随着城市形态的变化而不断变化，或增强，或衰退，或迁移，是城市发展过程中社会、经济、自然等因素共同作用的结果。

（一）城市公共设施的分布特点

城市活动可分为公共性和私密性两大类活动和行为。私密性活动是以住宅为中心的个人及家人的活动，除此以外，一个"城市人"的生活又与城市有着密切的关系。我们可以通过考察一个普通"城市人"的生活来理解人与城市的关系，假如这一天是休息日，他可以不去工厂或办公室上班，那么，他可能会做出这样的安排：早晨，他到农贸市场购买供一个星期食用的各类食物，如蔬菜、肉类、海鱼和各种半成品；上午，他参观一个计算机新品的演示会或去参加一个青年画家的画展，顺路又进了一家书店，买了正在热销的书籍和两张新到的CD唱片；午餐时间到了，他走进一家快餐店，可以是中餐店或"麦当劳"；下午，他去了几家大型商场，了解大屏幕彩色电视机的行情——品种、性能和价格（计划买一台），并挑选了一些生活日用品；晚上，他和家人一起吃晚饭，喝着从市场买回来的"绍兴花雕"，听着刚买回来的新唱片，不时给一两个朋友打打电话，或者和家人一起到附近的公园散步，或者约几个朋友到歌厅去唱歌，到茶馆打牌……这是一个"城市人"的普通一天，由此可见，一个"城市人"的生活离不开城市，离不开其他城市人，他必然会因某种原因与其他人——可以是亲密的朋友，可以是陌生的路人进行交往，通过相互交往参与城市的公共活动，不断提高个人私密生活的质量与水平。对于任何一个"城市人"来说，城市公共活动是他生活中必不可少的组成部分。

城市公共活动的展开必须以物质环境为依托，城市公共设施以分层次、分化聚合的方式进行组合。

城市公共设施的分布受到城市居民"使用频度"的直接影响。城市公共设施将根据其使用频率、服务对象、交通条件和人口密度以"服务半径"为参考依据进行分布。城市各类公共设施基本上可以分为三个层次：第一个层次为居民日常使用频率最高的设施，其规模较小，贴近居民的生活；第二个层次是居民经常性使用的设施；第三层次是居民使用频率较低的设施。与第一层次相比，第二、三层次由于居民使用频率较低，它们必然通过扩大服务半径来吸引更多的使用者来支持它的运转。因此，小型设施以较小的服务半径贴近城市居民的生活，中、大型设施将以较大的半径吸引城市居民或覆盖全市，甚至辐射到城市外围和周边城市。

进一步研究城市公共设施的组合方式，我们会发现，除了贴近城市居民的小型设施外，聚集是必然趋势。在城市的几何中心位置、居民分布重心和交通可达性最佳的地带具有最大的区位优势、良好的社会聚集效益和经济聚集效益。因此，这些地带特别适合城市各种公共设施聚集。

虽然，城市公共设施具有广泛的公共性，但每一类型的公共设施在运行时都有独特的要求。例如，城市大型商业设施必须以良好的区位和便捷的交通吸引城市居民，期望获得最大的效率；城市体育设施聚集有大量人流，常常要求避开城市交通的敏感节点，但又临近城市干道系统便于集散观众与车辆；而行政办公机构、大专院校以及医疗设施等希望能避开拥挤的城市交通以保持宁静的环境。从这些城市现象来看，城市公共设施的聚集并不是简单组合、任意组合或杂乱组合，应该根据城市的规模、公共设施的运转特点进行分化聚合，以建立合理的城市公共活动空间网络，保证城市公共设施的运转效率。

一般认为，城市形态的几何中心具有最大的区位优势和聚集效益，使众多公共设施聚集而形成城市中心区。城市中心区是城市公共活动体系的核心，是政治、经济、文化等公共活动最集中的地区。所以，城市中心通常是由城市公共设施、广场绿地和交通设施共同构建而成的一个相对集中且紧凑的地区或地段，这个地段在一定程度上能够反映出城市的社会、经济与文化状况。

（二）城市中心区的特征

城市中心区是城市的核心，主要是由行政管理、商业服务、文化娱乐等设施构成，通常集中在一个地区形成单核结构，或者组合在一个较大的地域范围内形成带状或"十"字形结构，或者进一步分化，形成以某一功能为主体的中心，分设在城市不同的地区形成网状结构。显然，在不同规模的城市中，城市中心的结构方式各不相同。在中、小城市，城市中心区将大量的公共设施集中构成单核或带状结构；在大城市，由于公共设施类型繁多，常常因分化聚合形成以某一功能为核心的多中心结构。

尽管城市中心区的功能组合存在多种可能性，从城市中心的运行机制来分析，城市中心区存在着共同的特征：公共性活动强，建筑密度大，交通指向集中，运行时存在着“自我强化”的趋势。这些特征在商业、金融为主要功能的城市中心区更为明显。

1.城市活动的公共性最强

城市中心区在城市居民心目中有极高的地位，那里有全城最大、最好的设施，有最多的选择机会，即使是同一种商品，在城市中心区也具有极高的“心理”附加值。同样，由于城市中心区具有“核心”意义，所以各种信息、货物以及形形色色的“城市人”都希望在城市中心区“闪亮登场”，城市中心区成为全城最活跃的地区。即使人们不时会抱怨城市中心区的种种不便，但只要有机会还是非常急切地希望到城市中心区去，满足猎奇的心理需要。

城市中心区的公共性主要表现在两个方面：一方面，城市中心区拥有种类最多的公共设施，无论是大城市还是小城市，它们都聚集各类公共设施支持城市的公共活动，并从中获得自身的价值与效益，城市中心区按照这种聚集与效率的关系不间断地调整着设施的数量、内容和构成关系，以求获得最理想的运转效果，从而使城市中心区变成一个巨大的物品、信息交换中心和人流聚散中心。另一方面，与城市其他地区、地段相比，城市中心区最具吸引力的是其作为参与活动人数最多的地区的优势，参与活动的人员包括了目的明确的活动参与者、目的性不明确的活动参与者和在中心区工作的各类工作人员。

2.建筑密度大

城市中心区以建筑密度高、建筑体量大作为其环境特征，由于城市中心区具有最大的区位优势和明显的聚集效益，城市中心区的高密度趋势是一种必然，“寸土寸金”是对城市中心区最形象的描述。

城市中心区趋于高密度主要反映在规模的不断积累上，包括“渐进”的过程和“突变”的过程。“渐进”的过程主要表现为中心区的小规模或小范围的更新改造，通过内部改造实现使用功能的变更，或者是小规模的更新改造，适应新功能的要求，使设施与其区位趋于一致。这种小规模、小范围更新改造的渐进过程其实是以蔓生的方式达到功能的更替，其结果是在建筑规模无须太大扩张的前提下使设施的公共性达到了最大值，活动参与者所感受到的是城市中心区公共设施的极度拥挤。“突变”的过程指城市中心区的大规模改造，扩大与更新中心部分地块的规模，这种做法常常使中心区的规模出现明显的增加，密度趋于极限，更新时通常采用的设计手法是以 4～6 层的裙楼占满基地(留下最小的交通通道)，设置公共性最强的项目，进一步增加容积率，布置办公、客房等一般公共性项目，使之达到最高的投资效益。

城市中心区的更新改造在地价、回报率的支配下以获得最大的公共性和最大的运转效率为目标，其物质环境表现出两个特征：一是空间轮廓以高大、挺拔的高层建筑群作为城市中心区的形象特征；二是在近人尺度范围内，建筑物最大可能地占据基地，构成高密度的沿街立面，以铺地、栏杆替代草坪和树木，环境进一步趋向人工化。

3. 城市交通指向集中

对于城市来说，城市中心区是城市的核心，城市交通具有明确的指向，即城市各地块以及城市外围地区都以最便捷的方式与城市中心保持联结。城市交通指向集中增强了城市中心区的活力。

城市交通指向集中的特征可以从三个方面来理解：

(1)从大量的城市总图中可以看到，在古代欧洲，大多数城市都以“环形＋放射”的道路系统来组织城市，放射形道路指向城市中心，城市中心由市政厅、教堂、广场和公共服务设施组成，以塔楼、弯顶或纪念碑建立城市的视觉中心；环形道路用来建立城市各部分之间的联系。在图形构成上很容易理解城市主体与其他部分的关系。

(2)我国古代城市建设有严格的礼制营建制度，“居中不偏”“不正不威”，以严正、方整的建筑布局体现社会秩序。一般城市以“十”字形大街为干道，中心点是台门式门楼(鼓、钟楼)和棋盘式街区，周边为城墙及护城河，公共设施布置在中心区部分，大城市以这一典型布局进行重复，“十”字形大街演变为“井”字形或更多的方格。在现代城市中，城市道路系统大多演化成放射状，指向城市中心区。

(3)除了对城市道路系统结构的分析，城市日常交通行为也反映了这一特征，对城市交通实态调查也表明，城市交通有明确的指向性，越是临近城市中心区，交通密度越大，城市中心区节点的交通流量远远大于城市其他交通节点。

4. 自我强化的倾向

由于城市中心区所特有的区位优势和可达性，城市生活在不断进步和提高，城市中心区不可能以一成不变的状态维持城市公共活动，也不可能不断地变换城市中心的位置来迎合城市生活的改变。城市中心区的运转规律和城市发展的连续性特征，决定了城市中心区具有相对的稳定性和以不断更新的方式来适应城市公共活动的要求，这一倾向可以称为城市中心区的“自我强化”，是经济效益杠杆作用的结果。这种自我强化的趋势是一种互为因果的刺激过程。

城市中心区具有良好的公共环境，必然会吸引大量的参与者，公共活动烈度增大，新的公共设施就会向城市中心区聚集，使城市中心区具有更大的容量，吸引更多的居民进入中心区，使城市中心区的规模、城市活动、城市交通都趋于高密度。南京市中心区的演变过程就是一个极好的实例。为了改善新街口的交通条件,南京市在新街口商业区进行道路改造,建设了新街口四环路作为新街口商业中心区的外围辅助道路。四环路通车不久,新街口外围地区又涌现出一大批大型公共设施,扩大了新街口商业中心的容量,也扩大了新街口的地域范围。一般情况下,这种扩展趋势将会持续下去,只有当城市中心区的容量、环境质量、辐射力、可达性等支持城市中心的必要条件出现巨大障碍或城市生活方式出现根本性改变时,这种自我强化的趋势才会停止。

综上所述,公共活动性强、交通指向集中、建筑密度大是城市中心区的基本特征,在其演变和发展过程中,"自我强化"是其主要特征,它使城市中心区的公共性趋于极限,规模不断扩大,是一种不容忽视的运动趋势。

(三)城市中心区运转状况分析

城市中心区的运转状况是一个极为复杂的问题,其主要原因有两个方面:一是城市中心区始终处于变化之中,运转状况与城市的运行密切相关,并且和时间的变化相对应;二是与评价者选择的评价指标有关,从活动参与者的角度看,去城市中心区在预计的时间内完成了计划要办的事,他就会非常高兴,也许遇到的堵车、拥挤、噪音等消极干扰都可以忽略。但是,当我们从整体环境的角度客观地评价城市中心区,我们会发现城市中心区的运转状况并不那么令人满意,我们不得不为我们的城市中心区担心:它能承受我国城市化进程中城市扩容带来的巨大冲击吗?

1. 问题与矛盾

引起城市中心区问题与矛盾的主要原因是城市产业结构的变化与城市中心区固有物质形态之间的脱节。城市中心区环境跟不上城市中心区活动变化的需要,必然导致城市中心区自发的改造行为,由此引起了城市中心区构成因素之间的大量矛盾,并在运转时表现出来,其影响大大降低了城市中心区乃至整个城市的运行效率。

(1)建筑密度大,空间形象杂乱

由于城市中心区的聚集效益和运转的连续性,从投资回报率的角度出发,人们很难从整体结构、运行规律上寻找解决问题的办法,因此,城市中心区的改造一直沿用"小改大""旧翻新"的做法,期望以局部改善的积累达到整体改造的目的。这一做法的直接后果是使城市中心区整体出现了根本性失衡。更新后的中心区建筑高度不断刷新,拥有极高的建筑容积率,但各自为政的功能、交通组织使中心区空间结构的整体性受到了破坏,城市中心区缺少标志性,高密度的高层建筑拥挤不堪,巨大的建筑尺度、大片阴影使城市中心区失去了应有的秩序与和谐。

(2)交通效率下降

城市中心区的交通问题由来已久，城市交通指向集中使城市中心区的交通问题日趋严重，主要集中在交通组织、交通运行和车辆停放等环节上。

城市中心区更新改造过程中，道路面积不足是引起城市中心区交通拥挤、阻塞现象的主要原因。从绝对量的比较上看，我国城市道路的增长速度远远低于城市机动车数量的增长，面对越来越多指向城市中心区的交通，通过拓宽道路解决交通矛盾的做法收效甚微，大城市中心区的交通效率极低，时速为10～15公里。①

交通混杂是引起城市中心区交通拥挤的另一原因，在各种交通工具中，非机动车交通是一种不容忽视的交通方式，它介于行人与机动车之间。非机动车交通与机动车的混杂、与行人交叉是交通拥挤的又一个主要原因，曾经有些城市以“拒绝非机动车进入市中心”的做法来解决城市中心区的交通矛盾，结果收效甚微，并引发了其他问题。

城市中心区停车面积过小是城市中心区普遍存在的问题，城市中心区“寸土寸金”，开发商、规划管理部门关心的是建筑控制红线、建筑高度、建筑形象、后退距离以及自备车的停车问题，而对于由设施公共性所引起的人流聚集及交通工具的停放估计不足，加剧了城市中心区停车的矛盾。

当我们把道路面积、车辆运行与车辆停放等一系列矛盾都集中到城市中心区时，城市中心区交通效率低下则是一个必然的结论。

(3)环境质量下降

城市中心区环境质量问题源于中心区的环境状况和活动烈度。

众所周知，城市中心区建筑密度大，街道两侧高楼林立，形成了“街道峡谷”，产生了特殊的小气候——气流死区，污染扩散条件较差，而城市中心区机动车交通流量大，在过度饱和状态下，车辆经常处于怠速驻车、起步加速、减速停车等状态下运行，污染排放量增大，进入大气后扩散速度缓慢，长时间的积累便发生污染危害。

城市中心区的过量交通、建筑高密度以及单一平面的交通方式使城市中心区的步行条件恶化。城市中心区的道路状况与其他地段基本相似，超饱和的交通量和过量的停车需求使步行空间的环境质量下降，过度拥挤给人们带来了压力并引起人们的紧张和心理戒备，使人们失去了公共活动的乐趣。

2.成因分析

城市中心区运转过程中的矛盾与问题将会阻碍和制约城市中心区的运转

① 参见李允鉌:《华夏意匠》，广角镜出版社1984年版，第402页。

效率，虽然说城市中心区的问题始终伴随着城市的发展，是一个普遍性的问题，但值得注意的是我国城市中心区的问题与西方发达国家相比，其背景条件不一样，我们正处于城市化和汽车化初期，而西方发达国家的城市问题更多的是由后汽车时代引起的。

(1)传统模式的问题

如何布置商业等公共设施，宋朝改变了唐朝集中于"市"的做法，开始沿街布置，在张择端的《清明上河图》中详细地描绘了宋朝的城市景象：开敞的沿街店铺，多层独立的酒楼屋宇、门面广阔的金银彩帛交易所等设施构成了主要商业街的景象。这一景象的交通方式是步行、马车和轿子，由街道两侧店铺围合的街道空间既是交通空间，更是活动空间，在以步行、马车为主体的慢节奏交通状况下构成了良好的街道空间尺度。我国商业设施沿街道两侧布置的传统模式一直延续至今，大多数城市的中心区商业设施、娱乐设施仍然首选沿街布置。所不同的是沿街更密集、更拥挤，层数增加了，建筑的高度增加了，交通方式也发生了根本的改变——机动车交通、非机动车交通替代了马车和轿子，这一改变从根本上改变了商业街的活动状况。商业中心越繁华，吸引的人和车越多，活动状况越混乱，而快速的现代交通把商业街这个以街道为主体的空间环境肢解成"貌合神离"的两个不相干的部分。

(2)规划观念的问题

对于如何评价商业流通等公共活动的价值与意义，一直没有明确的界定。我国一直以计划经济的模式发展经济，城市的中心任务是发展城市的工业生产，城市商业等服务设施仅是城市生活的配套。在计划经济模式下，我国逐步建立了一整套以计划经济模式为基础的规划理论体系和指标体系。尽管实行经济体制改革已经三四十年，但这一规划理论体系的影响仍然存在。在规划观念上，对城市或城市中心区作为一个有机整体的认识不足，城市中心区过多地关注有形的建筑而忽略其他设施的投入，重视建筑形象的设计而忽略人的基本要求。所以，随着城市中心区的更新，城市中心区的环境质量下降也是一种可以想象的倾向与结果。

(3)更新方式的问题

城市中心区的演变存在着自我强化的趋势，即在运转过程中活动烈度、交通强度和建筑密度呈互为因果的关系，聚集使城市中心区环境趋向于高密度。对于这种更新方式我们研究不足，城市中心区更新很少研究城市中心区运行方式的变化、结构的变化和由更新引起的相互关系的变化，而是更多地去注意单体建筑的更新。城市中心区的更新变成了城市中心区建筑容积率的积累，建筑由低层变多层，由多层变高层，或由高层变超高层，与城市公共活动相关的道路、停车场、货场几乎难以扩展。由于缺少相关设施的支撑，城市中心区以建筑规模增长为特征的更新必然把城市中心区的结构引向畸形，更新方式变成了加速城市中心区混乱的催化剂。

城市中心区的矛盾与问题除了受到上述传统模式、规划思想、更新方式等影响以外，还受到经济发展水平、投资渠道、价值观以及管理方式等方面的影响。

二、城市中心区的更新与改造

城市中心区具有良好的区位、交通优势，在市民心目中存在着“城市中心”这一心理定式。随着我国城市化进程的发展，城市逐步升级，城市形态的不断扩大，城市商业行为和商务活动必然会在城市中心聚集，成为刺激城市中心区更新发展的最活跃因素。结合经济发展、产业结构及城市发展现状，我国城市中心区极有可能演化为一种介于传统 CBD 和现代 CBD 之间、双向职能兼而有之的 CBD 形式。

从发展战略的角度考虑，为了顺应城市形态的扩展，必须培育和发展次级中心，促进城市向多中心网络结构演化，但是，城市传统中心区对城市市民而言具有一种特殊的心理情结，对城市中心区进行更新改造也是使其保持强大吸引力、构建城市多中心结构的重要措施。

（一）城市中心区更新改造的基本原则

城市中心区更新与改造是一个“渐进”的过程，是通过局部更新逐步实现整体更新，因此，城市中心区的更新最能反映“一次规划，逐步实施”规划过程的特征。正因为城市中心区的更新是部分更新，其更新过程漫长，所以城市中心区的更新常常会出现局部更新与整体目标不一致的现象，并由此引起更新行为与规划目标的矛盾，使更新工作变为一种“破坏性”建设行为，即更新完成了城市中心区物态环境的更替，同时，更新行为也肢解了中心区的结构，使规划总体目标的实现受到干扰。更新行为与规划目标的不一致是加剧城市中心区矛盾的一个重要原因。

城市中心区的更新是一个不间断的过程，更新速度与经济发展、产业结构的调整相关联。在这一过程中，我们应该把城市中心区规划的指导思想和基本原则贯穿到每一项具体的更新工作中，保证城市中心区的更新行为与规划目标一致。

城市中心区更新的总目标是：提高城市中心区的环境质量和运行效率，建设富有特色的空间形象。

1."以人为本"的原则

城市中心区是公共性活动强度最高的地区,具有较强的公共性和流动性,因此,城市中心区更新改造必须满足活动参与者的需要,尊重人、尊重人的行为、尊重人的活动。

关于人类行为的研究,美国人类学家爱德华·霍尔认为,在人体周围存在着一个"气泡"——个体领域,个体领域是一个看不见、以身体为中心并随身体移动的空间,在人的活动中具有防卫和交往的双重功能。[①] 在任何场合,人的行为与活动都需要保持"个体领域"的完整,并通过调整"个体领域"表达是否参与公共活动的意愿。当然,人对环境的要求因个体差异和行为目的的不同而具有多样性。心理学家亚伯拉罕·马斯洛把人的愿望分为五个需要层次:生理、安全、交往、尊重和自我实现。虽然民族、地域、职业和受教育程度对此有一定的影响,但五个需要层次之间存在着前后递进的关系。马斯洛认为,只有当某一层次的需要得到满足之后,才能使追求另一个层次的需要成为现实。[②] 当一系列需要的满足受到干扰而无法实现时,低层次的需要就会变成优先考虑的对象。

就城市中心区而言,人对环境的要求可以分为三个等级:第一是基本要求,即人们对生理、安全的需要,在活动中人们会由此派生出种种行为;第二是一般要求,即人们对相互交往的要求;第三是高级要求,即人们存在一种潜在的创造与表现的愿望。因此,城市中心区的更新与改造应该首先满足活动参与者的基本要求,创造相互交往的机会与可能,引导人们积极参与公共性活动。虽然社会心理学的研究认为拥挤特别是短暂性拥挤,对人类一般没有消极影响,但拥挤会加剧人们对情境的一般反应——使积极的反应更积极,消极的反应更消极;直观的体验表明:极度拥挤对人的生理和心理都会产生过度的压力。在城市中心区保持适度拥挤,保持参与者个人选择的自由度是一个非常重要的考虑。

2."有机整体"的原则

城市中心区的更新与改造必须秉持城市中心区是一个有机整体的观念。城市中心区是城市大系统的一个重要组成部分,同时,城市中心区本身又是一个相对独立的有机整体。我们可以把城市中心区作为一个整体来理解,认为城

---

① 参见王春林:《历史与现实的双向度开掘——2016年中篇小说一个侧面的理解与审视》,《百家评论》2017年第2期。

② 参见[美]阿尔伯特·拉特利奇:《大众行为与公园设计》,王求是、高峰译,中国建筑工业出版社1990年版,第60页。

市中心区是由若干系统组成的：由商业、娱乐、餐饮等职能构成城市中心区的综合性功能；由建筑实体和公共空间的相互配合形成变化丰富的空间体系与序列；由城市交通、中心区步行交通及各类停车设施组成的交通网络系统……总而言之，由各类有形的物质因素和无形的文化、理念的有机组合构成了城市中心区的整体结构与整体印象。其中，有机组合与有序衔接是城市中心区整体结构的关键。由于我国城市中心区大多由传统商业街演化而来，现代机动车交通改变了传统商业街以街道空间为中心、商业设施围合街道的结构，越来越多的公共设施向同一条街道聚集，在不断扩展过程中，城市中心区的整体性受到了冲击。城市中心区的更新与改造将是在现状基础上重新建立城市中心区的整体性和系统性，使城市中心区逐步演化为一个多系统协调的整体。

城市中心区是一个有机的整体，既包含它与城市整体结构的协调关系，也包含城市中心区自身相对的完整性，还包含城市中心区公共性活动与物态环境的一致性。此外，在城市中心区更新过程中，我们应该认识到“城市中心区是一个动态的整体”，即城市中心区将始终处于不断变化、不断运动的进程中，城市中心区的每一项更新都可能会导致两种倾向——强化或者削弱整体性的倾向，这种量的积累将会形成质的变化。因此，城市中心区是一个有机整体的观念必须落实到城市中心区更新与改造的每一项具体工作中去，否则，更新活动存在着削弱城市中心区整体性的可能。

3.“连续性”的原则

“连续性”是城市发展的公认原则，城市中心区的更新改造必须遵循这一原则。城市是一个连续发展的过程，一个城市在经历各个历史时期后，一般都会留下一些具有典型意义的建筑、街道、园林和广场，这些遗存是构成一个城市历史文脉的主要内容。城市中心区是城市建设最活跃的地段，各个历史阶段的重要建筑、典型风格必然会首先在城市中心区出现。不同时期的、不同风格的建筑成为城市中心区物质构成的基本因素，是城市中心区演化的“印记”，已经成为人们心目中特定的城市形象。

我国城市发展不同于欧美发达国家，没有出现和经历“内城中心区衰落”的过程，大多数城市的中心区一直是城市的经济、文化中心，即使开发和建设新区，传统的城市中心区仍然是商业繁华、人口集中的地方。持续性的使用和发展使城市中心区形成了两个主要的特点：一是不间断的建设与改造使城市中心区显现出明确的历史逻辑性；二是持续性的利用带来了物质性的老化：人口密度大、设施水平低、建筑物年久失修。因此，城市中心区的更新与改造是不可避免的。

“连续性”的原则要求更新与改造必须建立在严谨的、科学的、尊重历史的基础之上，慎重地对待历史文明。对各个时期有代表性的、有价值的历史遗存（包括古代的、近代的和当代的），不仅应重视其物质属性的质量，还应该重视其人文、历史的意义和价值，在保持城市中心区固有形态特色的前提下进行有机更新，使之适应城市中心区公共活动的需要，更好地延续和发展城市的历史文化。

"连续性"原则并不是把城市中心区作为文物或古董原封不动地保存起来，城市中心区只有通过更新与改造才能得到发展。"连续性"原则同样也要求在城市中心区以积极的创新意识留下"当代的印记"，维护文化发展的连续性。

4."高效率"原则

高效率原则是城市中心区更新改造时不容回避且必须遵守的原则。

我国大多数城市中心区运转效率不断下降，主要源于城市中心区的"先天不足"和对城市中心区更新改造不正确的认识。我国城市中心区大多由城市主干道演变而来，公共设施的聚集和持续不间断的运转使城市中心区长期处于超负荷状态，明显地表现出物质性老化和结构性失衡的倾向，功能的整体性受到破坏。对更新效率的片面理解所产生的负面影响加剧了城市中心区的混乱，城市中心区的更新或开发过于看重开发过程中建筑面积的回报率等显现利益。由于开发利益的驱动，普遍存在着追求高建筑容积率的倾向，其结果是城市中心区的容量大大突破了城市中心区基础设施的支撑能力，无法保证城市中心区的运转效率。

城市中心区是一个以"交换"为特征的场所，保持城市中心区高效率运转是城市更新改造的主要目标，而这一目标的实现取决于中心区的整体协调性和各构成因素之间的有机组合。假如城市中心区拥有无数多的巨型综合性"商城""广场"，而没有相应的停车场、库，没有运送人流、物流和信息流的设施，"效率就是生命"，城市中心区必然会效率低下，甚至走向瘫痪。

国外 CBD 由传统 CBD 向现代 CBD 的演化表明了效率的价值与意义，我国城市中心区的更新与改造必须注重城市中心区运转效率的研究，通过更新改造，使城市中心区逐步演变成高效、开放的有机整体，适应 21 世纪城市生活的要求。

至此，我们讨论了城市中心区更新与改造的基本原则："以人为本""有机整体""连续性"和"高效率"，其目的在于说明，城市中心区的更新与改造是一个伴随城市发展的动态过程，这一过程充满了种种诱惑和干扰，只有把城市中心区作为一个有机整体来处理，始终把人的需要放在第一位，保持高效率的运转和文化发展的连续性，才能使城市中心区的物质环境与城市中心区的公共性活动走向协调与和谐。

(二)交通组织——平衡的交通系统

建立平衡的城市中心区交通组织是保证城市中心区运转效率十分重要的措施。我国城市道路建设水平普遍不高,道路面积、人均道路面积、路网密度与发达国家水平(25%、30 平方米、20 千米/平方千米)相比,有很大差距,城市中心区的情况差距更大。这主要是因为城市扩展过程中道路的投入大多分布在新开发区和城市的外围地带,城市中心区的道路面积增加不多,而城市公共活动烈度的增强,房地产的开发又集中于城区,各种摊贩、集贸市场和大量停车面积对道路空间的侵占,使严重短缺的道路空间更加紧张。21 世纪,我国城市化进程加快,城市活动烈度将进一步加强,预示着城市中心区将面临更为严峻的交通压力。

在未来相当长的时期内,我国大多数城市将通过更新与发展使城市中心区环境与城市经济发展、城市形态扩展保持一致。城市中心区作为一个整体单元,任何一个构成要素的更新都必然带来整体系统的变化。因此,为了保持城市中心区的运转效率,必须在城市中心区把环境要素更新、交通运行模式、停车设施布置和交通日常管理结合起来,建立一个平衡的交通系统,使之与城市大系统相协调,并保持良好的运行效率。

1. 城市中心区的交通特点

由于城市中心区在城市中具有特殊的地位,它是城市的核心,城市交通对中心区有明确的指向性,当把城市中心区作为一个整体来看待时,城市交通在城市中心区分为两个部分:一部分交通作为“过境交通”从城市中心区通过,与城市中心区并不发生联系;另一部分交通则在进入城市中心区之后,转化为城市中心区的活动,与城市中心区的某项设施或某几项设施形成直接的联系,即存在着以城市中心区为目的地的城市交通和与城市中心区毫无关系的“过境交通”。

我国城市中心区交通具有“交通层面单一、交通方式复杂”的特点。目前我国多个城市开建了地铁工程,大部分城市尚未建成以轨道交通为骨干的大运量客运体系,地面层交通是城市交通的唯一方式。自 20 世纪 80 年代中期始,我国城市交通出现了微妙的变化,城市交通由公交、自行车、步行向自行车、公交车、出租车与私家车和步行交通四个类型转变,这一变化意味着城市交通复杂程度加剧,城市交通流量加大。当城市交通进入城市中心区时,人们通过公交、出租车站点、机动车停车场和自行车停车场转化为步行交通参与城市中心区的活动,这个转化环节十分重要,合理设置可以确保城市交通向城市中心区活动转化的连续性。

以城市中心区为目的地的城市交通有多种出行目的,其构成极为复杂。随着第三产业的发展和产业结构的调整，城市中心区的出行交通仍然以购物、娱乐和工作为主，即以商业零售和商务办公为主要交通出行目的构成。这两种出行交通目的具有明显的时间规律，商务办公类出行交通高峰出现在早晚城市交通高峰时，商业零售交通则是持续稳定的交通流，在节假日常常会出现高峰。

由以上分析可知，城市交通进入城市中心区之后，交通的方式发生了变化，各类交通都转换为步行交通参与城市中心区的公共活动，城市中心区的交通组织必须尊重这一特点，促成这一转化合理、高效率地进行。

2.交通组织的宏观策略

虽然城市中心区交通问题是城市局部地区的问题，但城市中心区的地位、意义决定了它必然会对城市大系统产生重大影响。因此，城市中心区的交通问题也是城市交通问题，首先必须从城市整体结构、交通系统等宏观角度研究城市中心区与城市各个部分的交通联系以及城市中心区交通行为“角色转换”的问题。

(1)建设多层面交通体系

城市中心区是城市中最活跃的地区，城市规模越大，城市中心区的辐射力越强，交通流量越大。建立以城市中心区为核心的城市高效交通网络是保证城市中心区高效运转的关键。我国城市应通过建设多层面交通体系解决城市中心区与城市各部分的交通联系。

多层面交通包括地铁和轻轨交通。地铁是一种大运量、快速轨道交通方式，由于快速轨道交通具有安全、舒适、快速、准时和节省能源、降低公害等优点。所以，当地铁、地面交通、空中轨道交通组成多层面交通体系时，可以增加城市居民出行的选择性，减少对地面交通的依赖性，提高交通效率，缓和城市中心区地面层交通的矛盾与压力。

(2)在中心区外围地带寻求交通平衡

我国城市道路密度较低，属于慢速道路系统，城市中心区大多以线型街道为原型，公共设施在街道两侧聚集发展，其空间形态表现为沿街两侧建筑物聚集度和容积率很高，建筑质量相对较好，街区内部或中心区外围地带建筑密度大，建筑层数低，质量较差，具有改造的可能性。而我国城市中心区普遍存在的交通阻塞、运行效率低下主要是由于以常规的道路条件实行超常规聚集，把众多活动聚集在有限的区域范围内。因此，解决城市中心区的交通问题必须突破中心区地界的范围，在中心区外围地带寻找机会，把高密度的交通因素疏解到中心区外围去，通过拓宽、开辟新的道路建设市中心区的外围疏解道路，改善城市中心区的交通环境。

城市交通转化为步行活动是城市中心区交通行为中的一个重要环节，但我国大多数城市中心区选择道路边缘地带、人行道、绿带作为汽车和自行车停车场。这一做法难以满足市中心区的停车需要，而且不符合交通行为转化的顺行规律，甚至加剧了城市中心区的混乱。而我国大多数城市近20年的发展已经使中心区失去了近期继续更新的弹性。因此，选择城市中心区外围地带建设辅助疏解道路，增加汽车和自行车停车场，增设公交、出租车站点，可以使城市交通行为的转化过程有一个合理的序列。

(3)制定切合实际的交通政策

城市中心区交通是城市交通的一部分，解决城市中心区的交通问题必须从城市交通的高度考虑，注重城市交通政策的研究，从战略角度调整城市交通结构体系。

我国城市交通的发展趋势表明，城市将面临小汽车快速增长的巨大压力，近年来我国城市机动车保有量逐年扩大，而道路面积的增长明显滞后于机动车的增长。这种差距的积累使城市交通出现了更为严峻的拥堵局面；同时，我国城市自行车交通量不会骤减，其保有规模和交通格局暂时不会有大的改变。因此，我国城市交通一方面要满足城市机动车大幅度增加的要求，另一方面必须解决以自行车交通为代表的慢速交通的运行问题。首先，应该通过政策调控和引导，大力发展公共汽车、轻轨交通和地铁等大运量、快速公共交通系统，减少居民对自备车辆的依赖。其次，必须注重对不同年龄、不同收入层次，特别是低收入、老弱人群出行交通的研究，使城市居民出行具有自主选择权。

城市中心区的交通管理是城市中心区交通组织必不可少的技术手段，应该开发新技术、新方法，逐步实现以交通信息与路线引导为主体的现代化交通管理，提高城市中心区交通运行效率。

3.交通组织方案

城市中心区的交通问题起因于交通混杂。因此，在城市中心区更新改造过程中实行“交通分离”有利于建立城市中心区的运行秩序，提高运转效率。

“交通分离”方案在不同规模城市、不同规模的城市中心区可以有多种分离方式。如机动车交通、非机动车交通、步行活动三者分离；机动车与非机动车交通组合，与步行活动实行分离；非机动车交通与步行活动组合，与机动车交通实行分离。在城市中心区更新过程中采用何种分离方式，取决于城市中心区的现状条件、城市规模、主要交通方式等相关因素，并受到社会、经济发展水平，产业结构调整等宏观条件的影响。

城市中心区“交通分离”方案根据不同的交通组织方式可以分为水平分离、垂直分离和综合分离方案。

(1)水平分离方案

城市中心区交通水平分离方案的基本思路是:利用现状道路进行改造或新辟道路在城市中心区的外围组成交通环路,环路既是城市中心区的边界,又是城市中心区的外围交通干道。当城市交通到达城市中心区时,限定在外围环路上行驶,不得进入城市中心区。沿环路根据城市中心区的内部空间结构和环路具体条件布置公交站点,并在环路内侧修建停车场,确保城市交通在到达城市中心区后按顺行序列转化为步行交通。

由于步行交通受到体力等生理因素的影响,所以,步行区的边缘至城市中心区"标志中心"的最大距离不宜超过500米,避免市民进入城市中心区时因步行距离及心理期待时间过长而产生逆反心理。

根据我国一般城市中心区演化规律和城市旧区干道路网间距较大的特点,可以考虑在市中心的外围改造现状道路或新辟道路作为市中心区的外围道路用于交通疏解,使沿城市干道发展起来的中心区回到以街道空间为核心的空间模式上来,呈带状结构,实现步行化。当城市中心区继续扩展时,可以考虑把城市中心区划分为相对独立的"团块"进行组合,满足城市中心区生长和发展的需要。

(2)垂直分离方案

垂直分离方案是通过各种设施把机动车交通流、步行活动按不同标高的层面进行组织,实行分离,保证机动车的运行效率和步行活动的舒适度。

垂直分离交通的一般做法是把步行活动布置在上层,机动车交通流及相关的服务、辅助设施布置在下层,其指导思想是使步行活动空间获得更多的阳光和空气,保持开阔的视野,减少城市中心区高密度对步行活动的心理压力。为了保证机动车交通与步行交通有高效、便捷的联系,应根据步行空间结构特点和机动车道路交通的技术要求,以自动扶梯、电梯、楼梯等设施组织好垂直交通,使城市交通与中心区的活动形成良好的衔接和高效率的转换。

(3)综合分离方案

城市中心区的交通分离综合方案是根据城市中心区现状条件,正确地运用各种技术,合理地组织交通,在保证城市中心区运转效率的前提下,实行人车的合理分离。

常言道"棋无定式",如何解决城市中心区的交通问题并没有规定的模式,实行"人车分离"应该根据城市中心区的具体情况,采取相应措施进行尝试。在我国大多数城市,自行车这一交通工具占有相当大的比重。因此,我国城市中心区的交通组织应该根据我国国情、城市的具体条件进行实践,使城市中心区的交通状况逐步好转。

(三)步行化——宜人的活动网络

在城市中心区,步行是人们主要的移动行为,城市中心区的更新改造应该使城市中心区的步行环境得到改善。

步行是人类最基本的空间易地方式,在移动过程中人们以人体器官体验周围环境,作出判断和选择。步行活动主要受三个方面的影响:与步行行为直接相关的因素——路面的强度、坡度,路面的平坦程度及表面光滑程度等;与人体相关的环境因素——温度、空气、声响以及风、阳光、雨雪等气候变化因素;与人体相关的生理及心理因素——体力及健康状况,行走的安全性、拥挤程度以及视觉景观等。参照马斯洛"需要层次"的原理可以推断,在城市中心区,只有当人们的基本需要得到满足之后,人们才会积极地参与到公共活动中去。

显然,在城市中心区,改善步行条件、提供公共活动展开的场所是提高城市中心区公共活动质量的前提条件。

1.步行活动的分类

城市中心区是城市的精华所在,拥有全市最完善的设施和最好的建筑物,具有最佳的交通可达性。在城市中心区,人们比较容易达到出行的目的,完成出行的任务和计划。虽然人们去城市中心区的目的各不相同,但在城市中心区的活动可以大致分为购物、游逛、饮食、娱乐、交往、观赏等。当然,这些活动常常以某一活动为主线并交织或发展其他活动。

(1)购物

购物是一种目的性明确的活动,以钱物交换为活动的高潮,这一活动包含有多种前期行为:选择品种、研究款式、分析质量、比较价格……购物前期行为存在明显的个体差异,购物者可能会对购物过程的某一方面特别认真,因此,城市中心区常常会出现往返于各大商场之间的购物人流。值得注意的是购物活动中有一点是共同的,物品的价值越大,购物者的心理压力越大。

(2)游逛

游逛是一种散漫的、无明确方向的步行活动,活动的目的主要出于个人不同的原因——休息、思考或调节情绪,游逛活动不具有时间限定,大多表现为"走走停停"的间断行进方式,这是游逛者心理活动的外在表现。由于游逛带有较多闲散成分,所以游逛者极容易被城市中心区的公共性活动所吸引,成为城市中心区活动——表演等活动的"积极"参与者或观众。

(3)饮食

饮食是人的一种基本需要,除了正式的、计划的餐饮,在城市中心区发生的饮食行为常常带有很大的随意性,没有明确的计划或目的,是其他活动或行为的补充。尽管如此,饮食活动也可能会直接影响人们在市中心区逗留的时间,餐饮过程也是一个酝酿下一步活动的“临时会议”。就餐环境的组织应该满足饮食和休息两种基本行为的要求，同时应形成与城市中心区相一致的环境氛围。

(4)娱乐

娱乐活动可以分为有计划或无计划活动，无计划的娱乐活动往往取决于活动参与者在市中心区的心理状态。娱乐的形式主要分为被动式和参与式，被动式娱乐主要是观赏“节目”——戏剧、表演、影像、展览等；参与式娱乐主要是游戏、游乐、运动等。由于娱乐活动易引起兴奋，所以娱乐活动在城市中心区具有极大的吸引力。

(5)观赏

观赏活动在城市中心区是一种相伴于其他活动的无计划、无目的的行为，即极少有人专门到市中心区观赏。正由于观赏行为是一种相伴活动，所以，观赏的对象、观赏方式极为广泛和灵活，一个人可以边走边看、边吃边看或停留观看，同样，观赏的对象既可以是橱窗、绿化、雕塑、喷泉、天上的行云、广场上的鸽子，也可以是过往的行人或表演的节目。景观建筑师约翰·莱尔的研究发现：人看人，其乐无穷。[①]

(6)交往

交往行为在城市中心区是一种非正式的、具有极大偶然性的活动，城市中心区的相互交往是一种“短暂性、有限介入”的交往活动，其原因在于城市中心区存在着极大的流动性和紧张感，由此引起的心理压力使人们无法消除对陌生人的戒备心理。城市中心区和谐的气氛、完善的物态环境和适度的拥挤状态可以促进相互交往活动的发展，否则相互交往的可能性将会消失。

在纷繁的城市中心区公共活动的表象中，我们可以很容易地得出这样的结论：任何一个人在城市中心区的活动过程可以分为两个部分，一个部分是“目的性活动”，即在出发去市中心之前已“计划”好所做的事情。换句话说，是因为有了“要做的事情”才有去市中心的出行计划，这一部分活动很少受到外界环境的影响。另一个部分是“非目的性活动”，这部分活动内容不在“出行计划”之内，往往在城市中心区随环境、心情的变化而产生，城市中心区的环境、天气、活动或活动者心情的变化都会导致这类活动的发生、发展。

丹麦扬·盖尔教授认为，户外空间质量与户外活动发生率直接相关[②]，城市中心区环境质量的优劣直接影响城市中心区公共活动的烈度。城市中心区的

---

① [美]阿尔伯特·拉特利奇：《大众行为与公园设计》，第 6 页。

② 参见[丹麦]扬·盖尔：《交往与空间》，何人可译，中国建筑工业出版社 1992 年版，第 4 页。

环境虽然对目的性活动的发生率影响不大，但对非目的性行为有直接影响。环境质量低劣，人们必然远离市中心区，只有当城市中心区环境质量得到改善时，各种可能的活动倾向才会变成真正的活动，并产生连锁效应，连续发展或派生出一系列公共活动。

步行是公共活动、社会接触的基础，城市中心区的公共活动是以步行为基础的目的性活动和非目的性活动的总和。显然，目的性活动是城市公共活动的最基本的需要，对于一个市中心活动参与者而言，只有当他完成了有目的、有计划的活动或行为之后，才会产生"非目的性活动"的需要。

2.步行活动的效率

当人们的活动带有明确的目的时，人们除了关心活动的结果之外，对事情的发展过程同样十分关注，并且活动进展的"意外"延长会给人们带来心理压力，如果外界环境一再"影响""干扰"活动的进程，人们自然会对这些影响因素持以消极的态度，甚至反感、厌恶。当"计划"的完成比他预计的时间还短，人们必然会产生愉悦的心情，对周围的一切都持积极的态度。

在我国城市中心区，特别是商业零售集中的商业区普遍存在效率低下的问题，这主要是由"各自为政"的设计和管理造成的。在早期，城市中心区的建筑密度、层数以及外部空间、道路划分基本处于平衡状态，道路既是城市交通空间又是公共设施之间的连接空间，基本能满足运转的要求。随着城市更新速度的加快以及城市中心区地价的变化，公共设施的容量扩大，对外部空间挤压式的开发使建筑越来越密集，外部空间越来越小。公共设施的更新使更多的人进入城市中心区，而有限的外部空间和过分依赖地面层的交通模式使外部连接空间成为发展城市中心区交通的瓶颈，由此引起的过度拥挤、无意义的上下往返导致了城市中心区的效率下降。

20 世纪 70 年代末，城市郊区化引起的城市中心区衰退迫使西方国家把购物中心的发展从郊区转向市区，以建设购物中心从而更新旧城市中心，一批大型的城市区域购物中心在旧城中心区出现：英国埃林百老汇中心（30000 平方米，1984 年）、卡莱尔购物中心（23000 平方米，1984 年），加拿大多伦多伊顿中心（100000 平方米，1977 年），美国的圣·路易斯中心（132000 平方米，1985 年）、霍顿广场（80000 平方米，1985 年）。其特点是把商业步行街的特点与购物中心的优点结合起来，建设高效、舒适的整体环境。与国外相比，我国城市中心区也经历了一系列更新改造，但各自为政的建设方式使城市中心区公共设施之间的联系变得更为复杂，单一的地面层交通加剧了城市中心的拥挤与混乱。提高城市中心区的步行效率和步行舒适度是改善城市中心区公共环境质量的重要措施。提高城市中心区步行交通效率可以从以下四个方面进行：

一是开辟大型设施之间的空中连接通道，减少不必要的上下往返交通，降低地面层交通密度。我国城市大多公共设施采用“裙楼＋主楼”的形式，可以在二层、三层或裙楼屋顶上建设公共建筑之间的连接通道，提高公共设施之间的连接效率，提高公共设施的利用率，扩大容量。

二是在人流密度大的地带建立空中自动步行系统，提高流动效率和步行的舒适度。合理设置空中自动步行系统有利于把人流快速输送到预定的地点，提高城市中心区的整体效率。当然，空中自动步行系统应该使大型公共设施、城市中心区的标志性场所与中心区外围停车场、公共汽车站点连接，确保系统的运行效率。

三是充分利用地下空间，建设地下连接网络。城市中心区的建设必须向地下发展，建设地下连接网络有利于分散人流，这一网络应该与城市地铁站点、停车场、大型设施的核心部位、城市中心区的标志性场所有直接、明确的连接，成为城市中心区进入城市大流量运输网络的直接通道。

四是认真研究地面交通的规律和各大公共设施的相互关系，建立各大设施之间的直接联系，为地面交通提供最便捷的交通通道。

在城市中心区通过空中连接通道、空中自动步行系统、地下连接网络和重新建立地面层交通秩序的方法把单一层面作为连接方式的交通转化为多层面立体交通系统时，城市中心区有目的活动的效率将会大大提高，同时也为城市中心区公共活动的扩展提供了坚实的基础。

3.步行与公共交往

城市中心区的公共交往是一种自主型参与活动，是否参与公共活动取决于中心区人群的心理状态和物质环境状况。因此，城市中心区公共活动的烈度与参与者、活动环境构成有直接关系，当一个人开始做某件事时，其他人会表示出一种明显的参与倾向，每个人、每项活动都能影响、激发别的人和事，一旦这一过程开始，整个活动几乎总是比最初进行的单项活动更广泛、更丰富，活动的范围和持续时间都会增加。值得引起注意的是，一切交往活动都以步行活动为基础，城市中心区的环境改造应该认真研究步行的行为特点、相互交往的主观因素和环境因素，使每一个人都能轻松自在地去体验、停留直至参与。

因此，城市中心区的环境设计应该注意到“人的活动”这一最有吸引力的要素，围绕着培育、鼓励和引导公共活动发生、发展这一连续过程，对物质环境进行更新，为人们提供舒适、宜人的空间环境，引导人们积极地参与到城市中心区公共交往活动中来。

第三节　地域文化与城市景观设计

城市是一个连续的发展过程，城市景观与空间形态的演化受到了“空间”和“时间”两个要素的影响：在任何一个时间片断，人们都可以获得创造城市景观与空间的各种物质要素；同样，任何正在建设的城市环境又不得不考虑时间的意义——“过去时”的历史延续，“现在时”的应用意义和“未来时”的理想追求。城市景观与空间形态的本质是人们主观意愿的一种物质表述，反映了人类不同时期的价值观和世界观。

一、城市景观因素分析

（一）构成因素

城市景观构成因素大致可以分为三大类：自然因素、人工因素和社会因素。城市景观与空间设计是根据人们主观意愿正确地组织有形物质因素、合理地协调无形因素的创造性过程。构成因素的多样性决定了城市景观与空间形态的特色。

1．自然因素

城市赖以生存的地理环境和自然景观是创造城市景观的重要因素，城市景观与空间设计就是要充分认识和了解各种因素的特征和潜在的美学价值，并在城市设计中充分展现出来。构成城市景观的自然因素通常包括地形、水体、动植物及气候等。

（1）地形

任何城市都建造在地面之上，自然地形——平川丘陵、山峰谷地不仅是城市的地表特征，而且还为城市提供了各具特色的景观因素，城市景观与空间设计应该把它们有机地组合到城市中去，充分展示自然地形、地貌的神奇与魅力。一马平川的平原地形常以线或面的形式展现，形成平缓、广阔的景观；而坡地、山体在地形、高差上的变化带来了视觉、景观上的审美趣味。对于同一地形，人们可以有多种不同的处理办法：在一块平地上建造建筑物，可以创造出垂直式建筑或者保持水平式建筑风格；对于轻微起伏的丘陵地带，可以在山顶部分进行建造活动，也可以根据建筑物沿地形起伏灵活布置；在陡峭的山地或峡谷，可以根据地形的构造特点和建筑物的功能要求与工程要求进行合理的建设。

山体引起人们强烈兴趣的主要原因是它在视觉方面存在着巨大的体量和

超乎寻常的高度，延绵起伏的山峦宛如锦屏，作为城市的背景丰富了城市的空间层次，也会给人以明确的方向感。

（2）水体

城市中的水体可以分为自然水体和人工水体两大类。水的光、影、声、色，是充满变幻和富有想象力的景观素材，大至江河湖海，小至水池喷泉都是城市景观组织中最富有生气的自然因素。在城市中，水面创造的景观效果要比一般的土地、草地更为生动。

自然水体气势宏伟，景观广阔，是构成城市景观特征的重要因素。水体岸线是城市中最富有魅力的场所，是欣赏水景的最佳地带，也是城市公共活动最剧烈、城市景观最具表现力的地带，充满了变化与对比，使城市空间具有更大的开放性。水体作为一种联系空间的介质，其意义超过了任何一种连接因素，水的柔美与建筑物的刚硬，水的流动与建筑物的稳固形成了强烈的对比，使景观更为生动。

人工水体包括水池、喷泉和瀑布。与自然水体相比，虽然人工水体相对比较小巧，但水池、喷泉、瀑布的组合常常使人工水体成为城市环境中最生动、最活跃的景观因素。喷泉、瀑布飞溅的水花和不断的涟漪使它充满了动态美；瀑布和喷泉静止时，水池宁静的气氛和步移景异的光影使它充满了虚实相生的神奇效果。

（3）植物

植物是与城市景观关系极为密切的构成因素，通常包括乔木、灌木、花卉、草地及地被植物。乔木具有高大的体形，以粗壮的树干、变化的树冠在高度上占据一定的空间；而灌木呈丛生状态，邻近地表，给人以亲切感；花卉具有花色艳丽、花香馥郁、姿态优美的特点，是景观环境中的"亮点"；草地及地被植物是城市外部空间中最具意义的"铺地"背景材料。植物的有机组合，特别是随季节更替的生长变化，给城市景观与空间带来了无限生机。

植物在城市中的第一功能是生态功能。植物在光合作用下能够吸收空气中的二氧化碳，释放出人类赖以生存的氧气，调节空气中的氧氮平衡。大面积的植物，尤其是拥有庞大树冠和大量树叶表面积的植物具有多种功能：调节空气的温度和湿度，改善城市的小气候环境；吸收、吸附和过滤空气中的有害气体、烟尘和粉尘，分泌大量杀菌素，促进空气的流通。另外，植物在消除噪音、防震抗灾、防风防尘方面具有不可替代的作用。

植物的景观功能主要反映在空间、时间和地方性三个方面。因为植物占据一定的空间体积，具有三度造型能力，所以植物具有围合、划分空间，丰富景观层次的功能。通过对不同种类植物的组合种植，再加以配合其他物质因素，形成虚实对比、大小对比、质感对比，可以产生不同的空间尺度和空间效果；植物的生长有相应的地理及气候条件要求，在不同的地理地带有独特的乡土品种植物，如北京的白皮松、重庆的黄葛树、福州的小叶榕等，地方性优秀树种适应地方性气候和土壤条件，对强化地方性景观具有积极意义；植物是有生命的，景观设计应该考虑它的时间因素，四季变化会直接影响到植物景象的形态、色彩、尺度的变化，而植物干茎的变化又是一种时间的记录仪，古树名木具有漫长的生长期，它们的景观价值就不仅仅表现在视觉上的优美形象和苍劲古拙，还在于它作为时间的见证，能使人们产生对历史和过去的追忆和回味。

植物的地方性、时间性特征是创造城市个性与特色的最有价值的自然因素之一。

(4)其他自然因素

除了上述地形、水体和植物之外，自然因素还存在着许多不确定的自然变化因素，比如阳光、云、风等，对这些变化因素的意义不能低估，它们丰富了城市景观。

随时间变化的阳光：阳光具有最强烈的表现力，规划师、建筑师常常利用光影规律，并配以建筑的形式、形态色彩、材料等，创造生动而富有变化的城市景观。

云和风：云和风是不停变化的景观因素，在一般情况下，天空作为城市的“背景”衬托着城市或建筑群的轮廓；变幻无常的云团也可以成为生动而新奇的景观；而风所带来的季节特征能让人感受到自然界的气息。

气候变化：气候变化带来了特殊的天气景观——雾、雨、雪。虽然雾、雨、雪给人们的日常生活带来了诸多不便，但是异常的气候状况也带来了特殊的景观面貌和景色情趣。薄如面纱的雾气产生了朦胧而神秘的景观层次；淅淅沥沥的细雨带给人浓厚的思乡情怀；而铺天盖地的白雪使景观面貌为之一新……

虽然这些自然变化因素稍纵即逝，不像有形的自然因素那样可以进行精心组织，但也不能忽视它们的影响力，有意识地关注和利用这些自然变化因素有利于创造出丰富、变化、生动的景观效果。

2. 人工因素

人工因素是人们根据主观意愿进行加工、建造的景观因素，主要包括建筑物、构造物和其他人工环境构成因素，其最大的特点是人为建造、带有强烈的主观色彩。因此，在城市中人工因素可以导致两种相反的结果：一种是人工因素成为城市景观中积极因素，使城市景观趋于完美、和谐与丰富多彩；另一种是其成为城市景观中的消极因素，产生丑陋、杂乱无章、大杂烩式的景观。

(1)建筑物

建筑物是城市中最基本的构成因素,也是一种最活跃、最富有时间特点的景观因素。早在公元前1世纪维特鲁威就提出了"实用、坚固、美观"的建筑设计原则,随着社会和科学技术的进步,建筑物的功能变得更为丰富与复杂,建筑材料和工程技术得到了突破性的发展,人们的审美标准也随着生活方式的改变而不断变化。因而,不同的使用功能、不同的建造技术、不同的审美要求鼓励和推动了建筑的创新与发展,建筑成为记载人类进步的"石制史诗"。

从城市景观与空间形态的角度来看,建筑物的意义在于它的地方性和时代性特征,建筑物必须以它自身的特点和规律表达人们的功能需要。建筑师只有赋予建筑物以地方性和时代性的特征,建筑才能成为伟大的建筑,成为城市的永久性标志:雅典卫城、北京故宫、巴黎埃菲尔铁塔、悉尼歌剧院……建筑作为人类的伟大创造在城市中展现着独特的风采。

(2)构筑物

构筑物是工程结构物的总称,主要指桥梁、电视塔、水塔及其他一些环境整治设施,它们常常因为具有特别的造型或处于特别的地点而成为城市景观中不可忽视的重要因素。

桥梁是一种特殊的构筑物,它跨越河流、峡谷和道路的功能使人们对它产生了特别的情感,特殊的建造地点、简洁而优美的结构造型以及桥上桥下的不同视野使大型桥梁成为城市的重要景观因素。桥梁在造型和结构上常常通过不同物体的刚柔、曲直、长短形成对比组合,使桥梁结构更富有节奏感和韵律感,桥梁所表现出来的强烈的水平延伸感与地形、建筑以及周围环境的巧妙结合可以创造出多维的景观效果。

电视塔是现代城市的标志性构筑物,由于电磁波发射的技术要求,电视塔通常处于相对比较开阔的地带,是具有强烈"地标"作用的构筑物,它高大而独立的造型成为城市中重要的"景观点"和"观景点",人们可以利用电视塔的高度优势,登上塔楼,全面、准确地感受城市整体面貌;而电视塔挺拔高耸的造型表达了一种强烈的升腾趋势,给人以强烈的震撼,对丰富城市轮廓线具有积极的意义。

3. 社会因素

城市景观与空间形态构成的社会因素是一种无形的影响因素。社会因素从两个方面对城市景观和空间形态施加影响力:一方面,人们在日常生活中的体会、经验,以主观方式直接影响环境的生成与演化,使城市环境与城市生活保持一致;另一方面,人们通过法律、经济、技术等对环境的生成与演化施以间接影响,使之符合社会的需要。徐思淑和周文华两位学者认为,影响城市景观与空间形态的社会因素应该包括文化因素、民众因素、经济因素和法律因素。

虽然社会因素是一种"隐形"因素，但不应该低估社会因素的影响力，因为这些因素对城市景观与空间形态发展的全过程都存在着重大影响，直接左右和影响着其演化与发展的方向。此外，城市生活涉及每个城市居民。城市居民既是城市环境的规划者、建设者，又是使用者和评判者，其影响面极广，"公众参与"的决策与管理方法表明要动员一切社会积极因素，参与城市的建设与发展。

城市景观与空间形态是由多种因素根据某些特定的规律和人们的主观意愿组合而成，并不是简单地设计某一"风景"或研究某一"构图"，它是社会、文化、经济、技术发展的综合表现。

（二）形态特征

几何学的研究认为，点、线、面是形态构成的最基本要素。点没有大小只有位置，线没有宽度只有方向，面没有厚度只有大小。点、线、面之间的关系是：点的移动轨迹为线，线的移动轨迹为面；反之，线为面的界限，点为线的界限。而在现实世界中，点、线、面作为造型要素，不同于几何学的抽象概念，都具有可感知的尺度和形态。

当然，城市环境构成物质作为造型要素，不同的组合方式表现了不同的形态特征：一棵树具有点的含义，一排树具有线的定义，一片树林具有面的意义。即使是同一要素，只要分析问题的背景发生了变化，也将会表现出不同的形态特征：一个广场，从城市总体结构的角度来看，它具有点的意义；同样一个广场，就活动者而言，则具有面的意义。

二、城市空间构成

大家普遍认为中世纪欧洲城市具有较高的审美价值，当我们研究当今的城市景观问题时，我们应该清醒地认识到，当今城市建设的背景条件与中世纪相比，已经发生了根本的变化。当我们极力主张以步行的节律去探索空间序列的行进节奏时，我们不能忽视时速100公里的汽车对城市空间的感受；当我们倡导面对面交流时，我们不能无视报纸、电视、广播、网络等大众传媒的存在；当我们期望建筑的细部、构造方案做得更为精细、丰富时，我们不应该忘记"现代建筑运动"已经走过了近百年。因此，城市景观与空间形态的设计必须以人为本，具有人的尺度，符合人的需要，支持人的行为与活动，但我们应该注意到，人的需求、人的价值观、人的审美意识正随着时代的进步发生着微妙的变化。

1. 限定空间构成的方法

在城市中，人们通过自己的感觉器官和活动获取关于城市空间的信息，城市空间的创造是根据人的意愿、合理地运用各种物质构成因素对自然空间的一部分进行限定而完成的。在这一过程中，限定空间的各种因素与空间之间存在着不可分割的关系。老子为了阐述“有无相生”的辩证思想，在《道德经》第十一章中写道：“埏埴以为器，当其无，有器之用。凿户牖以为室，当其无，有室之用，故有之以为利，无之以为用。”其精辟地分析了有形实体与无形空间相互依存的意义，以有形的杯壁、房间的四壁使杯子有了容量、使房子能够居住。显然，空间是设计的主角、灵魂，在进行城市设计时应该以创造空间为核心与目的。

虽然城市空间千变万化，但夏祖华、黄伟康两位先生认为：最基本的空间构成方式只有两种，即实体围合形成空间或实体占领形成空间。在设计时，可以通过建筑、树木、地面、灯杆、座椅等实体要素构成种种不同尺度、不同形状、不同形象、不同特征和不同氛围的城市空间。

实体围合是以各种有形的物质因素通过围合组织形成空间，使人们产生向心、聚合的心理感受。显然，对于空间而言，实体在功能、体量、色彩、风格、形象等方面应保持应有的一致性，而空间的围合效果与实体的高度、质感、开口情况相关——高度越高、质感越坚硬、开口越少，空间的封闭感越强；反之，空间的封闭感较弱。在古代城市中，围合是创造城市空间最基本的手法。

2.空间构成要点

城市空间虽然千变万化，但空间的三维特征不会改变。由于城市空间具有很强的公共性特征，创造空间的因素不可能由一幢建筑或一组建筑群来完成，因此，城市空间的设计应该以空间为核心，协调与之相关但功能、隶属关系完全不同的实体，通过对它们的合理组织，达到创造城市空间的目的。

城市空间的构成关键在于天际线、地廓线、界面、底面、室外设施等五个方面。

(1)天际线

天际线即空间的天际轮廓线，是一条存在于围合空间的实体与天空之间的连续界线。由于建筑实体的真实感和天空的虚无缥缈形成了极其强烈的视觉反差，所以给人留下了深刻的印象，天际线是城市中极具表现力的因素之一。

构成天际线的最小单位是建筑的天际轮廓线，很多建筑师都对此倾注了大量的心血。因此，我们可以看到世界各地带有明显地域特征和文化特征的建筑形式，而现代建筑通常以“平屋顶”为特征，在一定程度上使城市空间失去了丰富、生动的天际线。

(2)地廓线

实体与地面的界线，在城市空间中具有实用意义，地廓线界定了空间城市规划与城市发展的形状、规模，与空间活动有直接的对应关系。

首先，地廓线是实体围合或占领形成空间时对空间底面的限定，直接决定了空间的大小和活动的规模，并间接影响了实体的规模。其次，地廓线决定了空间的形状，一般来说，地廓线趋向于规则会强化空间的秩序和“正式感”；地廓线的不规则变化表达了空间活泼、自由的倾向。当然，地廓线的闭合程度直接影响着活动的组织，地廓线的开口意味着与其他空间的连接，这对空间活动的组织至关重要。

(3)界面

界面指由围合实体立面所形成的空间立面。对于空间而言，界面是由诸多实体立面所形成的连续表面，而建筑立面既是组成连续界面的片断，又是建筑物的形象标志，这种双重特征决定了界面的矛盾性和复杂性。作为建筑立面，建筑师应努力追求新颖，保持与建筑功能的一致性，当把它理解为空间界面的一部分时，应该强调它与“左邻右舍”的协调性。因此，界面的连续性是城市空间设计中一个长期研究的课题。

(4)底面

空间的底面主要指地面、水面等水平界面，是人们停留、流动和活动的载体。在城市空间设计中，底面的设计与组织对公共活动具有重要意义。

底面设计对空间活动影响最大的手段是改变底面的标高。改变底面标高将打破底面原有格局，造成视觉和活动的不均衡，小面积规则部分无论是抬高或者降低其标高都会因视线集中而成为空间中最活跃的部分，而大面积、不规则部分将成为空间的次要部分，两部分的关系类似于剧场中舞台与观众席的关系。

图案化是底面处理的常用措施。底面图案化、铺装材料和色彩的选择可以使建筑物、树木、室外设施与公共活动建立起相关性，图案可以给人们以心理暗示：交通区、活动区、休息区、游戏区、停车区规范人们的活动与行为。

(5)室外设施

如果把城市空间比喻为没有屋顶的房间，那么室外设施就是房间的“家具”。室外设施的种类很多，可以分为两大类：一类以功能性为主，观赏性次之，如坐椅、电话亭、垃圾筒、路灯、交通标志、广告牌、栏杆、立柱、台阶；一类以观赏性为主，功能性次之，如雕塑、喷泉、水池、旗杆、花台、花盆、植物。

室外设施的种类繁多，因它们被使用的频率很高，与人的关系极为密切，所以，在设计时应该注重设施与周围环境的一致性。

3.空间的尺度与比例

空间的尺度与比例是城市空间设计的重点之一，空间尺度涉及的范围较广，包括构成空间要素及使用者之间的各种关系：人与空间、实体的关系；实体与空间的关系；实体与实体之间的关系。协调空间尺度与比例的实质是以人的尺度去协调城市空间所涉及的各因素之间的相互关系。

(1)观赏距离

人的视觉是通过眼睛来完成的，由于感光细胞在视网膜上的分布状况以及眼眉、面颊的影响，人眼的视场受到一定限制，双眼不动的视野范围水平面可达180°(左右各90°)，垂直面可达130°(向上60°，向下70°)，视轴1°范围内具有最高的视觉敏锐度，能分辨最小的细部，称为“中心视场”，通常从中心视场向外30°范围是视觉清楚区域，是观看事物的最有利范围。以人眼的构造特点和视看习惯，人们形成了观看实体的一般规律：当视角为45°时，即观赏距离与实体的高度相等(1∶1)时，人们大多倾向于注视建筑物的细部，而不是实体的整体；只有当视角为27°时，即观赏距离与实体高度为2∶1时，人们将更多地关注建筑物的整体立面构图效果；当视角为18°时，即观赏距离与实体高度为3∶1时，人们倾向于去分析建筑物与周围环境的关系；在视觉为14°时，即观赏距离与实体高度为4∶1时，人们常常会把建筑物作为整个景观环境的一部分，被观赏建筑失去了“主角”的地位。日本建筑师芦原义信认为，建筑师为展示建筑物的魅力，应该合理地利用“观赏距离”的规律，通过布置停留点、行走路线和草地、水池“安排”人们以最佳的距离、在最佳位置进行观赏。

(2)实体与空间的关系

在围合空间时，实体之间的距离是影响空间效果的重要因素，人们将随着围合空间的实体高度(H)与实体之间距离(D)的变化产生不同的心理感受。当D∶H为1时，人们有一种既内聚、安定又不压抑的感觉，空间保持着良好的匀称感；当D∶H为2时，仍然继续保持着内聚、向心、安定的空间效果；当D∶H为3时，围合空间外围的建筑显露出来，围合空间的建筑出现了分离、排斥的倾向，空间趋向于离散；如果D∶H值继续增大，空间的空旷感将随之增加，使空间围合失去封闭感。

(3)人际关系

空间规模与人的活动息息相关，而人的交往同样也受距离的影响。在人际交往中，人们依距离划分为不同区域：0～0.46米为亲密区域，具有强烈的感情色彩；0.46～1.2米为个人区域，是亲近朋友或家庭成员之间的谈话距离；1.2～3.6米为社交区域，是朋友、恋人、邻居、同事的日常交往区域；大于3.6米为公共区域，通常用于单向交流的集会或演讲。显然，随着距离的加大，交往的强度将随之下降。进一步的研究表明，25米是人们能看清别人表情和心绪变化的最大距离，这一距离是具有交往意义的最大距离；在100米时，人们能够确认一个人的性别、举止和大概年龄，这一距离可称为社会性视阈的最大距离，在1000米时，人们根据背景、光照条件只能大概分辨出人群的移动情况。

(4)建筑与外部空间

城市空间尺度是一个极为复杂的问题,空间规模必须与空间活动相一致,满足公共活动的功能要求,符合人与空间、设施的尺度关系。在我们反复强调以步行速度为度量空间的基本尺度时,我们应该注意现代生活方式对空间尺度体验的影响:首先,高层建筑、超高层建筑的迅速增加影响着人们对城市空间尺度的度量;其次,机动车交通压力的大幅度增加影响了人们对距离的直观体验;再次,城市人口密度高,相对拥挤,使人们倾向于放大城市空间的比例缓解心理压力。因此,在研究城市空间尺度与比例时必须考虑现代生活方式对人们的“心理尺度”的影响。

4.空间序列

卡伦提出了一个著名的空间序列的分析案例,通过一系列画面展示了空间序列的意义。他认为,城市景观被分为已经显示的景观和正在浮现的景观两部分,通过人为合理编排,把空间的排列和时间的先后次序这两种因素有机地统一起来,使无序的因素组织成能够引发情感、层次清晰的环境,人们沿着一定的路线行进时,能够感受到既和谐一致又充满变化的景观结构。

空间序列组织实质上就是综合运用暗示、铺垫、对比、引导、再现等一系列空间处理手法,把个别的、独立的空间组织成一个有秩序、有变化、带有主题的空间集群。显然,空间序列的组织存在于建筑、建筑群体以及城市中。

相较而言,城市空间序列的组织更为复杂,其原因在于,构成城市环境的因素很多,空间主题千差万别,城市环境演变的时间、方式都是不易控制的变数,城市空间序列的组织就是要在一系列随机的、“不相干”的空间中建立起联系,从而“编排成一出连贯完整的戏剧”。北京文津街改造工程对团城的保留堪称城市空间序列组织的经典之作。当时为了改善北京旧城区的东西向交通状况,需要改建北海桥及文津街相连地段,从交通便利的角度出发,改建方案曾提出拆除团城,使文津街与景山前街直线相接的方案,经过比较,最终选择了保留团城(仅在最突出处切去4米)、文津街呈S形与景山前街相接的实施方案。当人们接近北海桥时,视线豁然开朗,碧波粼粼的北海、中南海,琼岛上的白塔映入眼帘,团城成为视线的焦点,预示着北京将进入一个特别的空间序列:沿着S形道路行进,故宫角楼成为视觉中心,景山万春亭隐约可见人沿着筒子河前行,景山的自然景观与故宫严整的宫墙形成强烈的视觉反差;当人们位于景山南门前时,神武门与万春亭遥遥相对。文津街实施方案不仅仅保留了团城古迹,更使团城从城市西部接近城市中轴线的暗示和铺垫,强化了北京中轴线的价值与意义,创造了优美而生动的城市空间序列。

总而言之,城市景观与空间形态是由自然因素、人工因素和社会因素根据人们的主观意愿进行创造的物质载体，其中，富有特征的地域性自然因素和表述时间特征的人工因素是创造城市特色的重要因素，而社会因素将对城市景观与空间形态的总体结构施加强大的影响力。在城市景观与空间形态的设计过程中，所有物质因素都将抽象为点、线、面的构成要素，以“限定”的手法组织景观与空间，最基本的限定方法是“围合”与“占领”，从人们对空间的理解、生活习惯来看，人们对“实体围合空间”的敏感度超过了“实体占领”构成的空间，通常城市空间形态是由围合、占领的方式复合而成。对于基本空间单元的处理要点是天际线、地廓线、界面、底面和室外设施五个方面，不同的处理手法必然创造不同的空间与景观效果，当我们把“空间单元”重新回复到城市的整体结构中去时，我们发现，空间的尺度和空间的序列成为影响城市整体效果的重要因素。由此可见，城市景观与空间形态的研究是一个值得不断探索的课题。

5. 城市景观与空间的评价

城市景观与空间的评价标准是多方面的，带有强烈的主观色彩，从空间使用者的角度来看，城市景观与空间形态的优劣往往与他们的“空间经历”相关。K. 林奇认为，环境印象是观察者与空间双向互动过程的产物，环境提示了两者间的特征与关系，观察者以他最大的适应能力和有目的的选择赋予所见物以意义。虽然，空间使用者之间存在着年龄、性别、受教育程度、职业等方面的差异，但更为广泛的共同性——构成空间的物质实体、共同的文化背景、基本一致的生物特性使人们对环境的理解趋于一致。

人们对城市景观与空间形态的理解并建立起印象，可以分为两个层面：一个层面是构成空间的物质因素存在着固有的组织规律，人们把它们作为一个客体，以静态的方式进行评价，形式美成为人们评价城市景观的标准；另一个层面是人们在活动中，把城市环境作为一个整体全方位体验，并调动一切以往的经验，进行分析、比较，进而产生综合印象。

6. 一般美学原则

一般美学原则是从静态分析的角度去研究城市空间构成因素，特别是建筑实体所涉及的构图规则，具体包括统一、均衡、韵律、比例、尺度等基本原则。

（1）统一

统一性是一条为人们所公认的艺术评价准则。任何作品——小说、音乐、雕塑、建筑、城市都要求在诸多构成部分中取得统一，各部分的杂乱无章，结构的支离破碎、相互冲突，不可能形成完整的统一体。所以，统一是和谐、协调的基础。

任何事物都是由多种不同因素、不同部分组成，在城市中更是如此，城市功能的多样性和结构的复杂性必然导致其形式的多样化。对于构成整体的要素来说，大致上存在两种状况：相互异质和相互同质。相互异质表明构成因素之间不存在共同的或共有的元素，这将导致由此构成的整体难以把握而引起混乱；相互同质表明构成因素具有相同的元素，太多的相同将走向单调和呆板。因此，统一意味着在具有共性因素的基础上寻求变化，当然，必不可少的多样化必须服从于统一的原则。

在城市中，统一性的原则要求表现协调，即构成城市空间的各个部分必须“说”共同的“话”，具有“共同关心”的主题，使城市环境在同一“话题”中进行正确的表述。建筑物的体量、形态、色彩、质感、风格以及细部构造等方面应表现出恰当的关系，使城市环境的构成部分在“对话”的过程中趋向完善。荷兰阿姆斯特丹的城市景观充分表现了变化与统一的微妙关系，是一种“具有差异性相似”的结合体。也许，阿姆斯特丹给人的第一印象是无序的，建筑物层高不一，窗户的尺寸、位置千变万化，偶尔建筑物的山墙还会打破整齐的天空轮廓线，街道的立面构图也相当复杂。然而，相似超过了变化，某种共同的因素统一于山墙和建筑人口设计，图形的印象通过相同的材料、色彩得到了加强。相似的、考虑周到的图形把建筑群作为一个整体，在比例、色彩以及装饰上保持了一种内在的密切关系，使整体所表达的意义超过了个体的内涵。

(2)均衡

均衡是一种存在于一切造型艺术中的普遍特性。均衡创造了宁静，防止混乱和不稳定的发生，具有一种无形的控制力，给人以安定而舒适的感受，使人们通过视觉均衡感可以获得心理平衡。均衡感的产生来自均衡中心的确定和其他因素对中心的呼应。

均衡可分为对称均衡和不规则均衡。对称均衡是一种最简单、最易识别的均衡，无论是在平面上还是在立面上都必须建立对称轴线，中轴线两侧的元素对称布置，一旦对称轴线(均衡中心)被强调出来，一种稳定而庄严的氛围立即被感知，对称式均衡是表达整体统一的重要手法，用于平面布置时常常会产生强烈的庄严感。

不规则均衡类似于杠杆原理，以一个远离均衡中心的较小体量与靠近均衡中心的较大体量求得平衡。不规则均衡打破了对称均衡所具有的严谨的结构关系，给城市规划师、建筑师在平面布置和立面组织上带来了较大的自由度。由于平衡中心不处于中央位置，所以，构图形式是不对称的，表现出一种动中有静、静中有动的运动感。

无论是对称式均衡还是不规则均衡，均衡中心都具有不可替代的控制和组织作用，在城市空间和建筑设计上必须以各种手法给予强调，只有当均衡中心建立起一目了然的优势地位，所有构成因素才会建立起相对应的关系。

(3)韵律

韵律是物体构成部分有规律重复的一种属性,可以产生强烈的方向感和运动感,引导人们的视线与行走方向,使人们不仅产生连续感的趣味,而且期待着这种连续感带来新的惊喜。

韵律在日常生活中到处可见,心跳、呼吸以及其他生理功能都是韵律的自然表现,而奏鸣曲、交响乐等古典音乐形式是具有明确表述意义的韵律,乐句和主题的重复与扩展使作品产生了坚实、丰富的整体效果。在城市空间、建筑空间中,韵律的表现不同于音乐,它是由非常具体的物质因素组成的。韵律是把任何一种片断感受加以图案化的最可靠的手段之一:要想让人们记住一系列完全不相干的线条是一件非常困难的事情,但把同样多的线条进行分组则产生了一种可被理解的韵律,那么,它们就变得有条不紊而易于记忆。因此,在城市环境中,建筑材料的质感、色彩的变化,特别是建筑洞口与建筑墙体所产生的光影变化,都会产生极其强烈的韵律感,使人们感到兴奋与激动。

韵律可以把众多构图要素组织起来并加以简化,从而便于人们“记忆”,使人们产生视觉上的运动节奏,具有韵律感的组合对人们的视线及活动具有较大的引导力。

(4)比例

比例指存在于整体与局部之间的合乎逻辑的关系,是一种用于协调尺寸的手段,它并不涉及具体的尺寸,强调的是相互之间的关系——整体与部分、部分与部分的相互关系。当一座建筑物在整体尺寸与部分尺寸之间能够找到相同的比值关系时,便产生了和谐、协调的视觉形象。

一般认为,这种比例在造型艺术中是一种具有美学价值的协调技巧。从古希腊开始,一些建筑师便运用几何规律和数学计算解决复杂的比例问题;文艺复兴时期,整整一个时代的建筑师都非常重视研究建筑比例体系的数学规律,并把比例运用于大量的实践中。

黄金分割率在现代建筑运动中最著名的应用是勒·柯布西埃依照黄金分割率提出了一个适用于现代建筑设计的模数体系。他的研究结果是:假定人体的高度为1.83米,举手后指尖高度为2.26米,人体肚脐高度为1.13米,这三个基本尺寸的关系是,地面距肚脐的高度(1.13米)与肚脐距头顶高度(0.698米)的比值,肚脐到头顶的距离(0.698米)与头顶到指尖的距离(0.432米)的比值都接近或等于黄金分割率。利用这些基本尺寸,不断地以黄金比率进行分割,便可得到一系列数据,然后再利用这些尺寸划分网格,就可以形成一系列长宽比率不同的矩形,用于从封面设计到广场设计这一广泛的设计领域中。这些矩形都因黄金分割而保持着一定的制约关系,所以,相互间必然包含着和谐。

(5)尺度

尺度是一个与比例相关,涉及人与建筑空间环境关系的概念。所谓尺度,指的是建筑的大小与人体大小的相对关系。人们常常以直觉和经验去“衡量”城市空间、建筑空间的大小,对物体大小的直接感受似乎是人的一种本能,一旦发现感觉大小和实际大小明显不一致,人们必然会感到困惑不解。虚假的尺度,无论是以小建筑的方式去设计大型建筑,或者以夸张的尺度去设计小建筑,都会引起空间的混乱。所以,建筑师、规划师必须把某一单位作为可见的“标尺”引入城市空间、建筑空间中去,使人们能够自然地、本能地鉴别空间的大小。良好的尺度感是建设城市空间、建筑空间的基本条件。

从一般意义上讲,人们在日常生活中,各种物品都因天长日久的频繁接触而作为一种“常识”变成人们的记忆,从而建立起了一种日常的尺度概念。建筑物中有台阶、扶手,人们立即会“想起”台阶的尺寸、扶手的高度。于是,借助于这些基本单位,人们对整个建筑进行“推算”,与人相关的建筑整体尺寸就会变得非常明确。如果城市空间、建筑空间存在着一种合乎人们思维习惯的、从小到大的尺度体系,那么人们几乎在最初一瞬间便形成了对空间的尺度印象。

在城市空间中存在着三种不同的尺度效果,即自然的尺度、夸张的尺度和亲切的尺度。自然的尺度是试图表现一座建筑物的实际大小,让人们以人体的尺度在日常使用过程中去度量建筑、理解建筑,这类建筑及空间大多是与人们的日常生活密切相关的建筑类型,如住宅、商店、邮局、学校、幼儿园等;而夸张的尺度是以正确的手法使一座建筑物显得尽可能的大,在其间使人感到胸襟开阔、情绪高亢,人们所感受的建筑较之实际尺寸更大、更有力,夸张尺度作为一种表现手段适用于城市的重大公共性建筑物或构筑物;亲切尺度是使建筑物或房间显得比实际尺寸要小一些,通过提供符合小规模活动的空间与设施,简洁的背景和超尺寸装饰的组合获得亲切的尺度,使人们感到更为温馨,亲切尺度比较适合于城市、建筑中“非正式”空间环境的建造。协调的尺度体系是创造和谐、协调的整体环境必不可少的条件。

二、格式塔心理学派的图形组织原则

格式塔心理学派创立于1912年,不同于其他心理学派,它强调经验与行为的整体组织,反对当时流行的构造主义学派的元素学说和行为主义心理学派的“刺激—反应”公式。[①] 格式塔心理学派的代表人物之一卡尔·考夫卡认为,格

---

① 参见刘毅玮:《西方心理学的传入与中国近现代心理学科的发展》,河北大学博士学位论文,2006年。

式塔心理学研究有两个重要的概念:心物场和同型论。他认为,世界是心物的,观察者知觉现实的观念为心理场,被知觉的客观现实为物理场,人类的心理活动是两者结合而形成的心物场;同型论的概念意指客观环境的组织关系在体验这些关系的个体中将产生一个与之同型的脑场模型。人们对客观现象的认识与人的知觉活动密不可分,并以整体的方式建立起概念,当一种现象能被视为是一个单独的整体,不管是一幅画、一种意象,还是一个句子、一个曲调,甚至是一种颜色、一种触觉都可以被认为是一个"格式塔"。

格式塔心理学开始于对人的感觉领域的研究,其应用范围远远超过了感觉经验的限度,扩展到心理学研究的整个领域。它在知觉领域,特别是关于视知觉实验取得了大量的研究成果,以心物场、同型论为总纲,派生出了若干组织原则。考夫卡认为,每一个人,包括成年人和儿童,都是依照组织原则建立有意义的知觉场,这些良好的组织原则包括:图底关系、简洁律、组合规则和恒常性。

1. 图底关系

图底关系即图形与背景的关系,是最重要的格式塔组织原则之一。格式塔心理学家通过大量实验发现了图形与背景构成关系的一些规律。埃维加·鲁宾(E. Rubin)发现,一个视知觉通常可以分为两个部分,即图形和背景,图形通常成为注意的中心,看起来被一个轮廓包围着,具有物体的特性,并被看成一个整体。[①] 视野的其余部分则为背景,它缺乏细部,往往处于注意的边缘,背景不表现为一个物体。一般情况下,被围裹在一条轮廓线内的面总是被视为图,周围的围裹面总是被视为底;就质地来看,质地紧密易被视为图、质地疏松则易被视为底;就上下位置来看,下半部较"重"容易被视为图,上半部较"轻"容易被视为底;就颜色而言,红色、黑色易被视为图,蓝色、白色易被视为底;就图形的形状来看,较为对称、规则的易被视为图,其他则被视为底。

在知觉场中,图形倾向于轮廓更加分明、更加完整和更好定位,具有积极、扩展、企图控制和统治整体的强烈倾向,而背景则因缺少组织和结构而显得不那么确定,表现出消极、被动,处于从属和支配地位的态势。分化后的知觉野变成了一个"图形—背景"不可缺一的对立统一的整体,任何一个图形的"显现"都必须以背景作为陪衬,背景之所以成为背景,取决于它与图形的相对关系。

人们在感知客观世界时,"知觉野"是一个不停地变化的概念,大可以是"经历一个城市",小可以是"观看一幅照片",在不同的"知觉野"中都存在着"图形—背景"的主次关系,如果是一个连续的过程,"图形—背景"关系则处于一个相互转化的过程之中。我们游览一个城市时会把城市中心或城市的公共空间

---

① 参见李静波:《内外之中间领域作为建筑界面的形式操作》,重庆大学博士学位论文,2015年。

作为图形，其他部分作为背景；到达某一公共中心时，我们将把其中最重要的主体建筑理解为图形，而其他部分作为背景；而我们进入作为图形的主体建筑时，我们又会把其中的重要部分作为图形，其他部分理解为背景；假如我们不进入作为图形的主体建筑，而选择了作为背景的次要建筑时，我们将以此作为一个整体，重新建立起"图形—背景"的组织关系。人们在日常生活中始终存在着不间断的主次关系的确定、主次关系的对比、主次关系的取舍，人们并以此对客观环境不断地做出判断、评价，作出相应的反应。把"图形—背景"的组织规律用于城市景观与空间形态的分析，任何一个有组织的城市空间都必须保持有良好的"图形—背景"结构，即主次关系。

2. 简洁律

格式塔心理学家认为，每一个心理活动领域都趋向于一种最简单、最平衡和最规则的组织状态，形成结构稳固的好图形，这一特征被威特海姆(M. Wertheimer)称为"简洁律"。

鲁道夫·阿恩海姆认为，视觉是一种主动性极强的感觉形式。在观看一个物体时，视觉就像无形的"手指"，我们以这种无形的手指触动它们，捕捉它们，扫描它们的表面，寻找它们的边界，探究它们的质地。组织得好、规则的、具有简明特征的物体很容易为人们所感知。[①] 但在很多情况下，客观事物本身的特征并不容许把自身组织成一个简明的好图形，观察者的视知觉会产生一种改变刺激物的强烈愿望，一方面会放大、扩展那些积极的因素，另一方面又会取消和无视那些阻止或妨碍其成为图形的特征，建立起易于理解、结构强固的图形。

从信息论的角度理解简洁律，好图形的诞生是知觉过程中按照规律性、对称性、单一性的特征将其组织成简洁明了的结构，解除了人们因混乱引起的定向丧失，使内在的紧张得到消除，有利于人们在感知客观世界时以最简明的方式获取最多的信息，在极短的时间内认识环境，为自己的活动获得合理的"定向"，使知觉活动变得简单、快速、舒适、省力，从而使人们的活动变得有序而丰富多彩起来。

简洁并不是简单或缺少信息，简洁是用尽可能少的结构特征、以明确的方式、把复杂的材料组织成有秩序的整体。

3. 相似组合

格式塔心理学派通过大量的知觉实验，提出了部分构成整体的组合原则，主要是指那些使某些部分之间的关系看上去比另外一些部分之间的关系更加密切的因素。依照各部分在某些知觉性质方面的相似性程度，人们可以确定这

① 参见邵斯宇：《阿恩海姆审美直觉心理学理论研究》，吉林大学博士学位论文，2017 年。

些部分之间关系的亲密性程度，邻近的单元或者大小、形状及颜色相近的单元有形成组合得更好的趋势，图形在自求完善时会趋向于对称、平衡或适当比例。

相似性组合原则可以有多种表现形式：

(1)位置相似：位置相邻或接近，有利于组织起来。

(2)形状相似：以形状特征实行分野，促进组合。

(3)大小相似：大小尺度的相似成为组合的标准。

(4)方向相似：方向的一致性促进了组合的实现。

(5)运动速度相似：运动速度成为评价因素的尺度。

(6)色彩相似：相似的色彩有利于组织的一致性。

(7)闭合：闭合趋向于稳定、完整。

(8)连续：连续容易组成整体。

考察关于相似性原则的组合现象可以发现，位置接近虽然提供了构成整体的有利条件，假如构成因素之间缺乏必要的相似性，那么只能带来强烈的视觉冲突与对立，根本无法组合成整体；元素特征相似常常使人们感到它们"属于一组"，从而减少了感知环境所需的信息总量，有利于元素的组合；连续则使构图单元的组织趋于连贯，从它所处的背景中显现出来。显然，构成整体的各元素既需要产生联结，又必须形成结构。

4.恒常性

人们在感知客观世界时，观察者与视觉对象之间存在着方位、角度、距离的变化，但无论怎样变化，人们总能感知并理解物体所固有的状态，即物体具有恒常性。当观察者与物体的距离以及它们的网膜影像的大小发生变化时，感知物体的大小可趋向于保持不变；当观察者观看物体的角度以及它们的网膜影像的形状发生变化时，物体的形状也趋向于保持不变；当照明强度发生变化时，物体在明度上也趋向于保持不变；当照明的颜色成分发生变化时，其色调也同样趋向于保持不变。

关于物体恒常性的研究，不同的心理学流派有不同的结论。格式塔心理学派认为，物体的恒常性与人的知觉直接相关，人的双眼所表现出的空间投影的不一致为每个空间点提供了不同的深度值，实现了空间定位，如果把视阈作为"场"来理解，其主要轮廓沿空间的主要方向建立起一个格局，这成为度量物体关系的感知框架。我们的眼睛、头部和身体的运动在不停地改变着视网膜的投影图样，但是感知格局则原封不动。可见，只要条件许可，格局尽可能保持恒常，人们所见物体的方向、大小和形状都会保持相对恒常性。

值得注意的是，当人们判断整个环境的能力有所减退时，恒常性也会发生减退。这种减退在知觉过程中反映出来的是视错觉，感知框架的"诱导"或"误导”可以导致人们对具体物体的判断产生错觉：或变大，或变小，或变长，或变短。视错觉会使人们对客观物体的判断产生一些误会，但是，恰当地运用视错觉对空间组织以及造型艺术具有积极意义。中国古建筑的立面采用柱生起、柱侧脚和屋角起翘等技法，欧洲古代城市广场采用梯形平面，都是充分利用视错觉调整视差的经典技法。

至此，我们从两个层面讨论了城市景观与空间形态的评价问题：一个层面是把城市景观与空间形态的构成作为一种客观物体来评价，从形式美的角度来分析景观构成的组织规律；另一个层面是以人的感知为基础，全方位地体验城市景观与空间形态的意义，其中，主次关系是城市景观与空间形态评价的基本原则。

第四节　地域文化与城市广场设计

地域文化是国家或民族文化体系中的一个子系统，在全球化形势下，本土文化和地域文化都不可避免地受到冲击。在这种背景下，探求一个国家、地区、民族的地域文化的发展显得尤为迫切。城市和文化之间相互作用、相互影响的印记镌刻于建成环境的记忆之中，积淀了对传统文化的认同感。

那么，将城市设计植根于地域文化无疑是必要条件。这不仅仅是对于建筑场所功能问题的合理解决，也是传递传统文化和融合当代文化的实践方式。而漠视场所的记忆去创造新的设计无疑是割裂原有的文化传统，会破坏传统景观结构的延续。

一、根植于地域文化的继承、延续与发展的设计理念

当前，我国的城市建设越来越多地呈现出向地域性、文化性发展的趋势。特别是城市广场的规划设计中，作为人类文化在物质空间结构的投影，其设计既应尊重传统、延续历史、继承文脉；又必须用现代设计理念、现代技术，综合运用现代文明成果，使其有所创新、有所发展，真正实现历史与现代的交融。比如，广场文化本身就是一种地域性文化和民俗文化。它产生于古老的希腊文明，是欧洲人民的一种室外文化生活方式。其实，广场作为一种文化载体，集中地反映了当地城市中的各种民俗习惯、宗教信仰、社会状况和生活方式。如在锡耶纳坎波广场上具有许多传统的民间活动，其中具有意大利传统文化特色的赛马会至今还在举行，成为现今锡耶纳城一道美丽的风景线。在我国传统文化

和民俗习惯中，人们活动的主要场所是街道，文化活动表现为庙会、集市等。随着中西文化交流，广场文化已逐渐深入人心，并在与我国传统民俗文化的结合方面取得了令人欣喜的成就。

根植于地域文化的城市广场设计应充分考虑到设计地段的自然地理环境、社会文化背景以及经济发展的地域特征。在设计中强调地域环境的特点，使城市广场空间景观展现不同的环境，同时体现特有的城市地域文化与民风民俗，孕育出该地区特有的场所精神，且富于个性与特色，以设计出符合该城市特定历史文脉和时代背景下的广场空间环境。

在我国也有很多这样成功的例子，如西安钟鼓楼广场的设计。首先，它突出了两座古楼（钟楼与鼓楼）的形象，保持了它们的通视效果。其次，它采用了绿化广场、下沉式广场、下沉式商业街、传统商业建筑、地下商城等多元化空间设计，创造了一个具有个性的场所，增加了钟鼓楼作为“城市客厅”的吸引力和包容性。同时，为了解决交通组织上的人、车分流问题，以钟鼓楼广场为中心，南连南大街、书院门、碑林，北至壮院门、化觉寺、清真寺，组成一个步行系统，使钟鼓楼广场成为西安古都文化带的枢纽。

另外，体现富有地域文化特色的城市广场设计还应考虑城市空间的整体性，做到尊重已有环境，保护传统，延续历史以及形象可持续的理念。由于城市广场建设是一个历史过程，需要历史积淀而成，并作为市民记忆场所，不会也不可能一蹴而就。它通过人们的生活参与不断地发展完善，不同时间、风格、形式的建筑并存。城市广场应是一个可持续发展的有机体。它是一个地方感强、充满市民化，充满意义的场所。因此，城市广场的形态应与城市空间结构的肌理有机相融，遵循原有城市空间点、线、面的关系，纳入城市文脉的有机程序中；同时，还要重视广场周围的环境以及历史背景、文化条件和建筑风格等。

在城市广场的设计中，我们不仅要尊重历史传统、延续历史、继承文脉，又必须站在“今天”的历史地位，反映现代生活和文化特征，使广场文化有所创新和发展，真正做到对地域文化的继承、延续与发展的原则。

二、体现人性化且富有地域文化特色的设计理念

城市广场设计的成败、水平的高低，以及吸引人的程度，归根结底，就看它在多大程度上满足人们户外活动的需要，是否符合人们户外行为的基本特性，是否注重人在广场中活动的环境心理。所以，强调人在广场活动中的主体地位和人与环境的双向互动关系，创造不同性质、功能、规模和各具特色的城市活动空间，才能满足人们的多元化需求。

在广场空间景观组织中，要贯彻以人为本的设计理念，以满足人的物质、精

神、心理、生理、行为规范等方面的需求为设计目的，追求舒适且有人情味的空间环境。特别是各个国家和地区的市民对城市广场空间景观的需求是多层次多方位的，不同的民族文化传统使得人们对于广场的设计者提出不同的要求。因此从人性化角度出发，设计时需要把握三个方面的设计理念：

1.整体空间尺度的人性化设计

相对于城市广场空间尺度的量化定位，整个广场的空间模数定位也相当重要。日本著名的设计大师芦原义信先生在《外部空间设计》一书中，将20～25米，确立为外部空间的基本模数，在日本设计出了很多成功案例。

2.空间化整为零的设计方法

如何在一个巨大尺度的广场内创造具有良好传统尺度感的空间，以增强广场吸引力，是空间规划的重点。通过化整为零的方式，可以将广场划分为不同形态、不同大小、各具特色的空间序列，既满足了功能的要求，同时有利于结合空间尺度的人性化设计，方便在适宜的空间尺度内增加广场的地域特色。

广场场地的功能主要在于满足社区的人车流集散、社会交往、老人活动、儿童玩耍、散步、健身等需求。设计师应从功能出发，为市民的使用提供方便和舒适的小空间。尽量将大型广场化整为零，分置于绿植之中。

3.广场物质要素的人性化设计

要使广场显得人性化，广场中的各个物质要素也应该是经过人性化设计的。例如广场中的座椅、绿化、亭子、水池等。

在城市广场规划设计中就是要注重不同层次的心理需求，注重人在广场上活动的环境心理和行为特征，创造出不同类型、不同规模、各具特色的城市广场，即城市广场应符合安全性、舒适性、可达性、领域性、愉悦性等人性化原则。

三、在可持续发展理念下对城市广场进行地域特色设计的理念

可持续发展是一个综合、动态的概念，是自然与科学技术、经济和社会协调发展的理论和战略。可持续发展具有持久、稳定、协调、综合、可行五大特征。世界环境及发展委员会，对可持续发展所下的定义，即“既能满足当代人的需要，又不对后代人满足其需要的能力构成危害的发展”，成为世界普遍接受的指导原则。结合可持续发展思想在地域条件下，城市广场的设计具体体现在以下两个方面：

1.建立良好的城市生态环境

一方面要积极保护城市及周边地带现存的自然生态环境.使其免受恶性城市发展的破坏；另一方面要用环境设计的方法努力建设优美的城市人工环境，创造良好的城市开放空间体系。作为城市广场，应当成为景观优美、绿化充分、

环境宜人的生态空间。过去我国多数的城市广场设计只注重硬质景观效果，体现人类征服自然的激情，缺乏与自然生态的紧密结合。因此，现代城市广场规划设计应从城市生态环境的整体出发，利用环境设计的方法，通过融合、美化、象征等手段与城市现有的绿地、公园结合，在点、线、面不同层次的空间领域中引入自然、再现自然，并与当地特定的生态条件和景观特点相适应，使广场成为城市真正的“肺”。

2.生态优先的设计

广场空间景观设计应从生态学角度出发，把人与广场、自然结合起来综合考虑。应注重与自然进程的结合，对地域特色资源的保护，加强城市地域特色空间的保护与建设，变破坏为尊重，变掠夺索取为珍惜共存，维护广场空间生态环境的平衡，创造协调共生的良性生态系统，为人类的生存和发展提供美好的环境。

作为城市人文精神与生活风貌重要体现的城市广场，应当成为景观优美、绿化充分、环境宜人的可持续发展的生态空间。

第五节 江西地域文化与城市公共设施

市政工程建设和城市公共交通等城市公用事业与城市人口的生活紧密相关，是城市近代化建设中的重要组成部分，是近现代城市文明的重要标志，是衡量近代城市化的通用指标。它们的发展同城市经济的发展相辅相成，不仅可以折射出一城市经济发展状况，又同样可以影响制约该城市的经济发展。市政建设工程主要有城市的公共基础工程的建设，如道路、沟渠等；城市公用事业主要包括城市公共交通、公共卫生、城市消防事业、城市电灯照明、邮电通信等。下面主要介绍中华人民共和国成立之前，江西地域文化与城市公共设施建设之间的关系，以期为新时期江西公共设施的建设与发展提供借鉴。

一、道路

江西城市道路开始于商代，樟树吴城遗址已经有了道路网络。到周朝，江西也采用全国统一的营国之规，平坦之地的城市道路为经纬相交的棋格状布置；规模较小的城邑道路则为“十”字形或“井”字形；起伏较大地区的道路均因山就势，布置灵活，路形弯曲变化。但是无论何种布置，主要街道都直通城门。路网由大街和小巷组成，巷道路幅小则大约 1.5 米，大街路幅一般为 3 米左右。

路面初为素土，后来主街逐渐铺装卵石、片石或条石。到清代，江西城镇道路有了正街、街和巷的区分，正街路幅较宽，市面繁华，为干道；街为次干道；巷多为居住区的道路。主要街段设有路灯。民国时期，为了使汽车能够通行，江西城市主要街道开始拓宽拉直，部分道路开始设置人行道，并用水泥混凝土铺装路面，但是发展十分缓慢。到 1949 年末，江西城市道路总长只有 125 公里。

1. 南昌

南昌在汉代初年筑城时辟有六门，有大街与城门相接。晋代辟有八门，“门有三涂”，男女异路、车行中央。唐元和年间，扩建南昌城，辟有南北向主干道 6 条。南唐中主李璟把南昌定为“南都”，按京都金陵的规模改建城区，修建了一条御道“鸣銮路”，但是具体方位不清。古代南昌的城市公共设施建设主要为官督民办或地方集资自办，因而近代前的南昌城市道路建设较为落后，发展缓慢。至清代，城内道路网初步完善，有东大街（今象山北路）、中大街（今胜利路）、西大街（今子固路）等主要的南北向道路，并有羊子巷、系马桩等街巷纵横交错，初步形成了南昌城区的交通骨架。1926 年，出于政治和军事需要，南昌开始着手改建市区道路，并修筑对外公路；1928 年南昌城墙拆除，在此基础上修建环城路、沿江路等碎石干坞，并铺装中山路、德胜路（今胜利路）水泥混凝土路面，次年竣工。这在江西尚属首次。1935 年，南昌修建百花洲、环湖路等街坊道路。1936 年，分期改建 8 条主要街道，并以八大乡贤的名字命名，即阳明路、象山路、叠山路、渊明路、船山路、子固路、梨洲路（今榕门路）、永叔路。历时两载，先后修成砂石路面道路。1939 年日军占领南昌，南昌水泥混凝土路面破坏达 85%，砂石路面损毁达 50%。抗战胜利后，南昌城市道路仅做部分修复。不仅胜利路、中山路的水泥混凝土路面破损严重，其他砂石路而更是坎坷难行。到中华人民共和国成立前，全城街道只有 45 条，总长度 44 公里。

民国时期南昌的主干道主要有安石路（今八一大道中段）、南莲路（今井冈山大道）、沿江路、阳明路等为数不多的几条。安石路原来是在 1928 年拆除城墙的基础上修筑的环城路的一段，宽 10 米。1936 年将环城路自叠山路到永叔路口的一段更名为“安石路”，并拓宽至 24.4 米。到 1946 年只完成修建计划的 35%，到中华人民共和国成立前仍是一条没有完工的碎石路。南莲路是 1928 年南昌市修建的南向对外公路，当年修到莲塘，全长 14.4 公里。其中自顺化门到朱姑桥段长 9120 米，宽 12 米，为碎石路面。沿江路始建于 1928 年，到中华人民共和国成立前只修了八一桥头到中山路口这一段，长 1664 米，车行道宽 18 米，两侧人行道各宽 3 米，为碎石路面。阳明路始建于 1929 年，属于环城路的北段，为碎石路面，1936 年将原路拓宽，为纪念王阳明特命名阳明路。到 1946 年，已经初步形成自沿江路到叠山路口的低级道路，长 2100 米，宽 40 米。

2. 景德镇

景德镇是传统工商业城市，民国以前非行政等级城市，没有最低级的城墙结构，道路网为不规则带状网，主要为东西走向和南北走向。到清代，主要有南北走向的前街和后街。景德镇在 20 世纪 30 年代实施了街道改造，拓宽和开辟成中山路、中正路、景福路、新运路、复兴路等主要街道。1949 年末，全市道路总长 11.7 公里，均为碎石路面。

珠山路是景德镇东西向主要干道，民国年间已有南门头到公馆岭（苏家弄口）路段，长仅 272 米，宽 10 米，其中车行道 6 米，两侧人行道各两米。中山路为南北向主干道，分南北两段，北段在元代已经成形，俗称"前街"或"河街"。1936 年拓宽改建路面，定名为"中山路"。中华路为另一南北干道，北段在唐代已经形成小街，后来逐渐向南延伸至小港咀，与中山路平行，俗称"后街"。1936 年拓宽路面，定名中正路，1949 年更名为"中华路"。

3. 萍乡

萍乡地势起伏，自古道路弯曲窄短。民国时期有局部拓宽拉直之举，但是整体布局没有变化。

4. 九江

九江道路网呈不规则方格网，城西原租界道路更为规整。1925 年，拆除了西北、正西以及西南的城墙，以其墙基辟为滨江路、环城路。后来对部分道路进行了改造翻修，到 1949 年末，道路总长 36.5 公里，其中高级道路 1.5 公里。

滨江路为东西向干道，龙开河口到西门口 800 米路段为 1925 年修建。1934 年改直江岸，将路面拓宽到 9 米。

5. 鹰潭

民国时期，鹰潭乃一小镇，只有一条长 300 米的横街（今林荫路一段）和一条长 1000 米的大街（今解放路），以及江边路、象山路、金沙街等几条小街小巷。1949 年后，鹰厦铁路的建成通车才使鹰潭成为铁路交通枢纽站，城市迅速发展起来。

6. 赣州

赣州道路自晋朝开始营建，到宋代规划成道路系统。路网由北向南呈扇形展开，后来有小的改动，但是总体布局没有大的变化。到清末，赣州城南北向的主要街道有米市街、磁器街、东门大街、南市街、州前大街等，东西向主要街道有西门大街、县前街、府学前街、牌楼街、棉布街等。1933 年，赣州城区开始改建，新辟的城市道路有东郊路、赣江路、中山路、阳明路、建国路、西津路、西郊路、至圣路等 15 条城市道路，到 1935 年完成总长 6.5 公里。其中至圣路、阳明路铺装混凝土路面。1941 年后，又陆续开辟新赣南路、章贡路、八境路、和平路、大公路、厚德路等12条道路。到1949年末，赣州城市道路达到27条，总长13.87公里。文清路为赣州南北向主干道，也是赣州繁华的商业闹市区。它由杂衣街、白衣庵、南大街等3条老街拓宽改建而成。杂衣街在北，南大街处南，商衣庵居中。1933年将杂衣街拓宽改建更名为“公园西路”，自阳明路到南京路长318米。1941年将南大街拓宽改建，更名为“文清路”。大公路到南京路段原为白衣庵，1946年拓宽改建。后来白衣庵名称取消，统称“文清路”。

7. 吉安

唐代天祐间扩建吉安城，建成环状路网，正街直通城门。在城南外设市，另建方格状路网，到清代仍为此格局。城外南街长2.5公里，西街长1.8公里。民国时期逐渐拆除城墙，城内环状路网与城外环状路网逐渐融合。1949年末，吉安市道路总长9.7公里，其中高级道路长0.3公里。

8. 宜春

宜春古城由九街十八巷组成全城路网，至民国时期仍沿袭前制。但是将东大街、鱼砧口、县前街统称“中山路”，全长1000米，宽3米，为全城的东西向主要干道。到中华人民共和国成立前，全城有9条大街，32条巷道。道路总长10.8公里，路面结构主要为卵石路面。

9. 上饶

中华人民共和国成立前，上饶街道少，路幅窄，还没有形成道路网络，街道总长3.7公里。

10. 樟树

樟树的东西向主干道主要为共和路，分东西两段，共和西路是樟树主要商业街道，原来为衣服街、鲜鱼街、坪上街、牌下街、东门街等古街。1930年，沿街商家集资将街道拓宽连通成为一条大街，全长1120米，宽10米，铺装块麻石，并取名为“中山路”，1949年后更名为“共和路”。

二、路灯

江西路灯开始于清代。在此之前，入夜之后的街道照明只能靠临街商号、住宅的灯光外泄。夜深人静时，夜行者只有提灯笼、点松明、火把照明。清代的路灯是将玻璃灯挂在临街建筑上，或在临街建筑墙上设灯龛，天气晴好时也直接挂在树上，路灯由更夫统一收放。费用由商号和直接受益户摊派。

南昌路灯的创设始于晚清，设于街巷一些转角处，为夜间照明之用。当时，南昌城设立路灯的有洗马池、西大街（今子固路）、翠花街等，共有清油路灯30盏。由于财力所限，无论是路灯数量，还是照明时间均十分有限。随着帝国主义的入侵和洋货的倾销，洋油（煤油）随之进入中国市场，因而煤油灯也日渐取代菜油灯用作道路照明。光绪三十四年(1908 年)南昌创办的开明电灯公司标志着南昌电力照明的开始,主要以供城区照明为主,但仅限于夜间供电。电灯公司创立后,便开始在洗马池、西大街、翠花街、直冲巷、筷子巷等街道装设15瓦马路弯灯,灯距超过百米。由于公司规模和财力的限制,当时路灯昏暗,照明时间仍然比较短,仅为两三个小时,发展比较缓慢。其他街区仍然用清油、煤油路灯。直至民国时期,路灯逐渐发展为商用,中山路、德胜路等繁华商业街道也相继开设了路灯。1923 年,原有的清油灯、煤油灯全部改为电灯,以此推动了南昌路灯事业发展,至 1926 年,南昌市城区已有路灯近千盏,但不可避免地受到发电落后的制约。但随后南昌沦陷,路灯设施遭到严重破坏,直至抗战胜利,南昌路灯事业才略有恢复。

其他城市的路灯发展情况进展不一。1872 年,赣州城就有收放路灯的更棚12座。20 世纪初年,洋油开始输入江西,并逐渐用作路灯照明,经费由商会向店家摊派,九江租界则用汽灯做路灯。1907 年,萍乡安源屯厂发电,开创江西电灯照明事业的先河。1934 年,九江大中路、湓浦路等街道开始装设电灯作为路灯,其他街区仍然用油灯。20 世纪 30 年代江西城市路灯是电灯、煤油灯(汽灯)、清油灯并存的年代。20 世纪 40 年代,煤油灯、清油灯逐渐被淘汰,到 1950 年全部由白炽灯替代。

三、城市公共交通

古代的江西城市交通工具主要是马、马车和轿子,也有木质独轮车用来载客,清末民初开始有黄包车出现。1915 年九江开通公共汽车,四年后南昌也开通公共汽车。但是民国时期,江西仅仅有两个城市有公共汽车通行,且营运不佳。1949 年初,国民党军队强征车辆,公共汽车全部停驶。

1. 马、马车

马、马车自古就是江西的主要交通工具。根据考古发掘,汉代江西已经有双轮马车,而且主要作为公共交通工具使用。城镇都设有马行和马车站,内备马匹、马车供人租乘。

清代,江西各城镇马行、马车站更为普遍,南昌的马行和马车站已有多处,大多设在进贤门一带,存在时间较长的一个马车站在现在长途车站一带,中华人民共和国成立后仍然有人称其为马车站。景德镇在苏家弄、邓家岭、半边街设有马行以出租车马。清末,以橡皮代替铁包车轮震动减轻,乘坐马车变得更为舒适。

民国时期,江西继续将马和马车用作城市主要交通工具。1937 年,赣州城有马行 4 家,分设在坛子巷、杨老井、马扎巷和清雅巷。抗战期间,吉安市有马行

7家，备马20多匹，集中在仁山坪、九曲恭一带。1938年前后，抚州城有马行22家，备马27匹。马行大多集中在现在的若士路、大公路一带。民国时期，景德镇有马行6家，备马90多匹。而上饶的马行设在鲁班庙、仑门街一带，租马以里计费。新余只有1家马行，设在南门街，1948年有马匹20多匹。

2.轿子

江西使用轿子开始于汉代，后来一直作为主要交通工具而盛行至民国。在古代，轿分官轿和民轿。一般富商巨贾都有自备轿作为代步工具。在轿子盛行时期，江西各个城市均设有轿行，备有轿子、轿夫任人租用。如清代，南昌有轿行九家，分设在万寿宫、西大街、瓦子角等处，所备轿分两类，高级的多为新轿，装饰华丽，租价昂贵；低级的多为旧轿，色饰陈旧，座位仅为一块木板，粗陋价廉。又如清末，九江轿行多，有轿工数百人。直到民国时期，轿子还是赣州城的主要交通工具。1937年，赣州城有轿行5家，分设在青龙桥、米汁巷、佛坛前、尚书街和高戏台。

3.独轮车

又称"土车""鸡公车""羊角车"等，单人独推。车身车轮均为木制，车轮外箍铁环以加强车轮强度。车头多置小竹筒盛油，推车人用拴有布条的木棒蘸油润滑车轴以减少摩擦。江西使用独轮车时间很长，但具体年代不详。20世纪初，南昌有人用铁铸轮，推起来更加平稳。但是多数人则在周边钉上橡皮以减少震动。

4.自行车

又名"脚踏车""单车"。1932年首先从广东传入江西龙南县龙南镇。1936年又从上海传入南昌等地。车型有英国产三枪牌、美国产飞箭牌。由于自行车轻巧灵活，深受人们喜爱，发展很快。1937年赣州设有6家自行车车行开展出租业务。

5.客运人力三轮车

人力三轮车自1947年传入江西。是年，南昌市电报局邓局长从上海购进一辆三轮车自用。次年，一南京人在南昌市开设江西第一家三轮车行，有车20多辆，经营短途客运，次年外迁。1949年初，南昌、景德镇、九江等城共有人力三轮车2682辆，以货运为主。

6.公共汽车

江西公共汽车线路开通于1915年。是年，商人张谋智开通营运九江到莲花洞的公共交通业务。1929年，南昌市首次开通公共汽车业务。日军侵华期间，九江、南昌两市的公共汽车停驶，直到抗战胜利后渐渐恢复。但到1949年初，国民党军队强征车辆以备逃窜，江西公共汽车再度停驶。

四、排水、消防和城市公共卫生

(一)排水

殷商时期,江西吴城镇就掘有排水沟,将城中雨水、污水排入护城河再行外泄。隋代建造抚州城时在东、南、西、北四条大街和巷道的两侧修建排水沟,相互连接形成排水网。进入唐代,江西城市排水系统更加完善,开始设置排水区。682年,吉安建成砖壁、青石盖板的排水暗沟。809年,宜春建成李渠,城内暗渠用砖砌成,并设渠长,掌管渠道的管理维护事宜。宋熙宁间,赣州建成福寿沟,"砌以砖,覆以石",首先使用"水窗"。全城之水由福、寿二沟泄入章、贡二水。同样在宋代,南昌建成豫章沟、玉带沟等排水沟渠。延至明代,南昌城修通九津、整治湖泊,形成全城"三湖九津"的完整排水系统。明代景德镇也开始修建排水干道。

鸦片战争后,江西经济日渐萧条,城市排水设施停滞不前,仅小有疏浚,没有大的修建。许多市区无排水沟渠,污水横流、渍水成灾。清道光三十年(1850年),上饶城因为没有排水设施造成大部分城区溃水成灾,许多居民流离失所。

民国时期,江西还没有设置城市排水设施的修缮管理机构,排水设施管理仍沿袭旧制由商会或组织临时机构负责筹资修建。1933年,抚州组织城区疏浚街沟委员会,向商号和住户摊收疏浚费用,再请人疏浚排水沟渠。1936年,景德镇商会向都昌帮、杂帮等摊收费用,修建前街和后街的下水道。民国时期,南昌率先铺设水泥管下水道。1949年底,南昌、景德镇、九江、赣州、吉安、上饶、宜春等城市下水道总长88.5公里,均为雨、污合流。各个城市都有许多街巷没有排水设施,凡遇到汛期往往外洪内涝。

1.福寿沟

福寿沟是赣州的重要排水干道,总长11.8公里,始建年代不详。据《赣县志》载:"福寿二沟,昔人穿以疏城内之水,不知创自何代,或云郡守刘彝所作。"福寿沟最迟在宋熙宁间完善,至今历经千年仍发挥作用。①

福寿沟由福沟和寿沟组成。

两沟依地势而行,走向迂回曲折,且将散落在城内的金鱼池、嘶马池、凤凰池等众多湖塘串联起来,充分利用池塘的蓄水功能广纳雨污之水,减少水渍,且有沉淀和消能作用。同时又利用污水养鱼和灌溉蔬菜等,对污水进行综合利用。福寿沟用砖或条石砌沟墙,用石板盖顶,宽2～3尺,高5～6尺。后来又修了一些支沟与福寿沟相连,形成完整的排水网络。

---

① 参见卢方琦:《明清南昌城复原研究》,北京大学硕士学位论文,2013年。

2. 豫章沟

豫章沟是南昌城一条历史悠久的排水沟，建于宋朝，后历代皆有疏浚，现在仍为南昌市叠山路排水区的排水干道，也是东湖、南湖和北湖的总出水口。豫章沟起于北湖的南驳岸上，经民德路东段入经堂巷，跨叠山路至张家菜园，再越阳明路涵洞入青山湖。

（二）消防

江西秋冬少雨，天干物燥，是火灾多发季节，城镇尤甚，兵火更为惨烈。唐代的丰城、上饶县城，元代的乐平县城，明代的抚州府城都因火灾烧毁而重建过。民国时期，焚城损失更加严重。1926 年北伐军围攻南昌，军阀邓尔琢下令烧毁滕王阁，致使江南名楼及沿江房屋悉数化为灰烬。1934 年 6 月，国民党飞机轰炸中央苏区首都瑞金象湖镇，炸毁房屋 43 栋，炸坏 37 栋，并导致火灾，全镇几乎成为废墟。日军侵赣后，或轰炸、或纵火，烧毁店铺民房无数，许多城市沦为废墟。

明清时期的消防水源主要为城市内部的井水，大商户和富户用大木桶、大水缸等蓄备消防用水，以便急用。民国时期，中国城市消防事业管理处于从传统走向近代的变轨时期。江西的消防事业也从原来的商户、居民、行会自行办理模式转向与近代警察合作办理的模式。江西以南昌为代表，城市消防管理事业逐渐发生转变。

1. 救火总部的基本发展情况

1926 年北伐军攻克南昌，江西商务总会依据 1914 年北洋政府公布的《商会法》改组为江西省南昌市商会，并根据 1918 年北洋政府制定的《工商同业公会规则》在南昌原有的 72 个行业中相应成立了同业公会。随着近代南昌城市的不断发展，人口日益集中，各种公私建筑鳞次栉比，火灾已成为危及城市安全和居民生命财产安全的重要隐患，在火舌漫卷的近代南昌，单靠传统的民间消防组织显然已无法有效地控制火灾的蔓延，组建新型的火政或改造旧有组织以适应市政发展的需要已是摆在南昌城内居民面前刻不容缓的急务。民间为降低火灾，减少损失采取了多种形式，如唐朝以来，南昌筑绳金塔以镇水火之灾害。清初，民间救火形式有了一定发展，如建立了一些分散的、自发性的救火组织，使用诸如水桶、水袋、唧筒等相对简陋的工具灭火。由于工具简陋，人员未经专业训练，远不能适应近代市政发展的需求。

近代市政发展的需求呼唤新型的、正规的消防组织出现。1913 年，南昌市商会组建了商人的自卫团队——南昌商团，其职责是以辅助军警维护市场秩序为主，以实施商铺的救火为辅。1926 年，南昌市商会在商团基础上将其改组成为南昌市商会救火总部。1936 年 10 月 8 日，商会又将救火总部改为南昌市商会救火总会，此民间消防组织一直运作到中华人民共和国成立初期。

2. 救火总部组织的结构和性质

南昌市商会救火总部又称“南昌市商会消防委员会”，隶属于南昌商会的民间组织，组织结构严密，适应了近代城市发展的要求。

首先，其组织规章明确规定：“本会为维护南昌市全体商民及住户生命财产安全起见，依据南昌市商会章程第五条第七款之规定。隶属于南昌市商会，专司救火事宜，定名为南昌市商会消防委员会。”[①]南昌商会救火总部的性质、职级、名称一目了然。救火总部实行总部、分部两级管理模式，总部“暂设南昌市商会内”，也就是西棉花市分部部址，分部则“视经费收入之状况及市面之需要，得设立分部若干所”。南昌市商会消防委员会“设委员十一人，由南昌市商会就现任理监事中推定之”，又“设主任委员一人，副主任委员二人，由本会委员中互推之”。

其次，南昌商会救火总部制订了多达 10 项的具体工作规则，包括消防委员会组织规程、办事细则、服务规则、奖惩规则、部务会议规则、请假规则等。涵盖救火工作运转的方方面面。

近代早期，消防事业属于民间性质，救火会多附属在各地商会内部，随着时代的发展，在近代检察制度出现以后，消防事业也慢慢地由民间自主管理走向由警察体系管理的框架中。20 世纪 30 年代的南昌商会救火总部正处在这一转变之中，但是一直到中华人民共和国成立初期仍没有完成这一转变。与此同时，在南昌出现了基本进入检察体系的省会公安局消防队。虽然救火总部在经费困难的情况下曾遵照省会公安局令，与省会公安局消防队组成统一的消防大队，但它仍属于民间组织，但是它的组织结构又似乎具有近代警察体系的雏形。

三、城市公共卫生

（一）清扫保洁

清朝末期，道路清扫事务由警察部门管辖，清扫范围只限于官府周围和主要街道。南昌在清末就开始有清道夫清扫东大街、中大街、西大街等干道。民国时期仍然沿袭旧制。萍乡县在 1932 年开始设立清道夫，清扫县府大院、御前坪、凤凰池街以及上、中、下三条正街。九江、赣州、景德镇等城市的主要街道也设清道夫清扫，因而街道一度比较清洁。抗日战争时期，只有少数几个城镇能保持专人清扫主要街道。南昌市督察局下辖的 5 个分局都设有清洁中队，并颁布《南昌市督察局清洁队服务办法》，规定清道夫分段清扫，每日上、下午各清扫

---

① 参见魏文享：《民国时期的工商同业公会研究（1918～1949）》，华中师范大学博士学位论文，2004 年。

一次。1947年又在每个中队下设立3个班，分80多个地段清扫。赣州、龙南等县镇则组建联合卫生队，由警察局、卫生院、镇公所共同管理。但清道夫不多，赣州1948年只有30多人。1948年，吉安的在册清道夫16人，景德镇20人，宜春7人。1949年3月，南昌在册清道夫仅有134人。而城市的小街小巷都没有设置清道夫，全由居民住户自扫，有的则几家联合雇人打扫。清道夫人数较少，致使各城市日常清扫难以为继，城市公共卫生状况差。

为使街道清洁，在街道清扫前应该洒水防尘，夏天还可以降温。赣州在1946年开始使用一台改装的洒水车在主要干道上洒水。南昌市在1947年向交通部借来一辆油罐车，改装后充当洒水车，于每年6～10月在城区干道上洒水保洁，每天上下午各一次，洒水期过后车还原主。

（二）垃圾清运处理

民国时期，垃圾全靠人工清运。清道夫终年肩挑手推，劳动强度大。1934年，南昌开始在城区街道小巷设置垃圾箱和简易转运站。据载，当年设置的水泥砖石结构垃圾箱有93只。此后，当局采取官办民助的形式在警察分局设立垃圾箱，并按保分摊，每保至少筹设一只，先后建造砖砌、木质和水泥砖石结构的垃圾箱几百只。但由于管理不善，质量极差，到中华人民共和国成立时只有7只尚好，其余均需更新修理。清道夫每天两次分赴各街巷将垃圾用箩筐挑送到转运站，然后5天1次用板车将垃圾运送到郊外指定场所。南昌市政府还动员市民在每年的3月15日、9月15日、12月15日进行三次户外大扫除，以期消除市区存积的垃圾，但也是治标不治本。其他城市以后也设置过简易的垃圾箱，但管理不善，年久失修，居民乱倒垃圾的现象仍很严重。抗战胜利后，只有赣州等少数城市逐步用胶轮车、木轮车收运垃圾，但是车辆数量很少，人员不足，不能及时清运。

（三）粪便收运处理

民国以前和民国初期，城区多为私厕，粪便一直由郊区农民进城掏运，用粪桶装粪，肩挑出城，用作肥田种菜。农民需要时不论何时都来取粪，将厕所掏空，不需要时则粪便四溢，有碍卫生，所以厕所难以经常性清洁，况且私厕建造简陋，无消毒措施，常引发传染疾病。民国中期以后，江西一些城镇做过有关粪厕的规定，但贯彻不力，收效甚微。1948年，南昌市制定《南昌市保持清洁实施纲要》，规定了运粪的时间，并由替察监督执行。由于大量农民进城淘粪，一批农民则常住城市以挑粪为生，形成挑粪行业，这些人地位低，被称之为“挑粪佬”。中华人民共和国成立前，南昌市区有挑粪工70余人。许多人全家从事挑粪职业，他们在城区各自分担几座至几十座厕所，或在居民稠密处选择空地挖坑搭盖简易厕所收集粪便，大多数粪肥收集在塘子河粪码头进行销售，常有运菜进城的小船和粪船到塘子河买粪，从水路运至近郊及南昌、新建两县，远的还运送到鄱阳等地。他们的工作艰辛、强度大，环境恶劣，收入低。

针对城市公共设施产品的研发，各城市地域文化资源是必须挖掘的稀缺资源，必须结合运用在产品研发中，以体现地方特色、提升城市形象、产生区域效益。

城市市政建设和管理的变迁是江西城市近代化的重要表现。打破传统的城墙发展城市规模，南昌等少数城市率先开展现代城市规划，开始近代市制管理体制的试验，从事城市道路、公共交通、公共卫生、上下水工程、新型城市空间等公共事业各方面的建设等城市近代化建设都有所行动。

第四章　江西红色文化与户外家具设计

21 世纪，人们的生活模式以及消费观念出现了很大的改变，即开始崇尚户外运动，与大自然接触，将户外活动作为主要的生活休闲方式。这对家具设计领域便提出了新的要求，传统的室内家具已无法满足户外运动需求，为顺应时代发展，户外家具行业开始兴起。作为在户外使用的环境设施产品，户外家具产品的优劣直接影响着城市形象的好坏。

江西南康被誉为“中国中部家具产业基地”，2012 年《国务院关于支持赣南等原中央苏区振兴发展的若干意见》明确提出“支持南康家具产业基地建设”；红色文化是江西特色文化之一，无论是文化中的物质载体还是精神内涵，都是中国共产党人和革命志士共同创造的文化遗产；若能将户外家具产品的研发与传承红色文化相结合，定能增加江西本地家具企业的竞争力，提升江西城市形象，亦有利于提升江西人民的区域文化自信。

第一节　江西——一片令人心生敬畏的“红土地”

在广义上，我们可以把红色文化归结为世界社会主义运动历史进程中人们的物质和精神力量所达到的程度、方式和成果。在狭义上，我们可以把它归结为中国共产党在领导中国人民实现民族的解放与自由、以及建设社会主义现代中国的历史实践过程中凝结而成的观念意识形态。

红色文化主要由革命文化构成，却又不等同于革命文化。其内涵一方面表现为具象的物质载体，即红色文化的外在形式的表达，其中包括革命志士在革命斗争时期的旧址、遗物、革命圣地、纪念馆、文化作品等具象形态。这些物质载体承载着红色文化的丰富的思想内涵，人们一接触到这些东西就会联想到红色的、革命的主题、历史、事件及革命思想、意识与观念;另一方面还表现为无形的精神内涵,即红色文化的内在构成要素,其中包括在革命历程中形成的信仰、思想、道德规范、价值观念体系以及科学文化知识,例如在斗争时期形成的井冈山精神、延安精神、西柏坡精神等革命精神;在社会主义建设时期形成的"两弹一星"精神、铁人精神、北大荒精神等建设精神。

江西红色资源丰富。据统计,全省共有19个革命纪念馆、275座纪念碑、1258处革命旧址(旧居)和战斗遗址;拥有革命摇篮——井冈山,苏维埃中央政府成立地——瑞金,军旗升起的地方——南昌,秋收起义的策源地——萍乡,中国工人运动的策源地——安源,全国有名的将军县——兴国等众多著名的革命圣地;在第二次国内革命战争时期,中国共产党领导人民群众还先后在江西建立了大片革命根据地。其中有赣西井冈山革命根据地、湘赣革命根据地、赣东北革命根据地。江西还拥有丰富的爱国主义教育资源,自1995年3月,民政部确定了全国第一批爱国主义教育基地起,至2009年5月,中宣部公布第四批全国爱国主义教育示范基地目录为止,江西共有14个全国爱国主义教育示范基地,而且全部都是"红色基地"。此外,还同步拥有41个省级"红色基地";值得一提的还有,江西境内共有四座国家级历史文化名城,而其中的2座即南昌市、瑞金市均是"红色文化历史名城"。由此可见,"红色文化"已成为代表着江西区域特色和人文精神气质的文化。

为了弘扬和传承江西红色文化,江西人民一直在努力,如免费开放爱国主义教育示范基地、大力推动红色旅游、精心打造红色文艺作品以及积极申报非物质文化遗产,这些举措让江西红色文化以一种更全面、更细致、更时尚、更活跃的姿态展示在众人面前,致使江西城市发展软实力也得到了空前的提升。

第二节　户外家具概述

一、休闲之风催生户外家具

在首期《财富》杂志中,经济观察家预测了21世纪7个最佳的投资方向,其中之一是"休闲运动将大行其道,成为人们生活的重要内容"。[①] 专家指出,休闲产业将成为一个席卷全球的经济大潮,国民生产总值中有一半以上的份额将由

---

① 赵鹏:《美国户外运动的发展经验及启示》,成都体育学院硕士学位论文,2015年。

休闲产业产生。休闲产业产品包括：观光旅游产品、户外家具、户外服装、休闲食品、休闲杂志、户外运动产品等。

户外家具是被集中和使用于城市户外空间的一类家具，它服务于城市，又影响着城市的机能和形象，同时也服务于人，又影响着人的工作和生活。巴黎第四大学历史学教授卡蒙纳曾经为公共户外家具提出一个简单、直观的表述："所有置备于街道的家具设施，所有在城市或聚落里，所有设立在道路的边缘、人行道上、甚至就在道路上的公共设施。"①

二、户外家具现状及特点

1. 类型相对较少

由于公共性和交流性的特点，导致户外家具在符合基本功能的基础上必须迎合大多数人的审美观点，适应更多的人群，从而在某种程度上对它的功能、形态、材料等方面都有固定模式。所以此类家具差异化相对于其他家具类别较小，经常有相似或相近的情况出现，很多系列产品只在细节上进行微调。

2. 数量、体量较大

由于是适应公众活动而产生的家具，所以通常不是以一件或一组家具出现，而是以一排或几组的形式出现。

3. 私密性和交互性共存

户外家具的公共性和交流性特征决定了产品必须具备良好的交互性能。人们在进行沟通和交流的同时，也希望自身的隐私和权利受到应有的保护和尊重，即对家具产品的私密性能也有一定要求和期待。互动性较强、沟通良好又不乏应有的私密性，就意味着优质的精神享受。

第三节 户外家具设计原则与环境营造

江西是国内著名的家具产业基地之一，在国家政策以及当地政府的扶持之下，该地区家具产业发展态势一直极为理想。而户外家具行业的兴起，无疑是对传统家具行业的一种挑战，家具行业必须做出适当改变，以应对市场需求变化。为了做到这一点，在进行户外家具设计与使用过程中要求，应保证其与周边环境的协调程度，确保能够与环境达到一种相对较为理想的和谐状态。

---

① 汤景：《从周边环境的角度探讨城市家具的设计原则》，《山西建筑》2014年第19期。

一、户外家具设计原则

（一）树立整体环境设计理念

在进行户外家具设计过程中，需要建立起良好的整体环境设计理念。要明确城市景观系统是由多个要素共同组合而成的，各系统要素需要相互进行协同配合，才能保证景观系统的协调程度。所以作为城市景观中的一部分，在对户外家具进行设计时，需要对城市景观环境进行考虑，要确保两者之间的和谐程度，保证户外家具能够真正融合到城市景观环境之中，而这也是进行户外家具设计的基本要求。设计人员需要按照整体环境观念，对户外家具进行系统化设计与安排，确保能够通过对其的合理使用，突出与强化整体的环境功能。

（二）突出景观环境地域文化特征

城市在进行发展过程中会形成自己独特的个性，而这种个性的内在结构，则是城市进行发展的重要依据与驱动力。所以为保证城市文化的建设与发展，在进行户外家具设计时要肩负起对文化脉络进行传承的责任，通过科学设计对景观环境地域性特征进行营造，形成良好的文化影响，提高居民的城市归属感与文化自豪感。

（三）运用健康环保型材料

家具使用原材料与家具自身类型以及功能有着直接关系，为确保户外家具能够与周围环境相协调，且能够满足强化环境品质与丰富环境空间的要求，就需要保证家具产品原材料的环保性。设计人员要保证家具结构、材料以及造型等都能够满足环保要求，以为后续使用效果奠定良好基础。

二、户外家具设计环境营造策略

（一）科学进行家具位置摆放

家具位置摆放，是进行环境营造的有效手段之一。在遵循美化环境以及保证环境协调性原则的基础上，家具摆放与环境营造的主要任务包括：第一，要对具体空间环境进行实地调查，需要对周围设施以及道路走向等方面内容进行明确，为后续家具位置摆放工作的开展提供数据依据；第二，需要对景观环境服务范围进行明确，要以此为基础进行家具位置摆放，以确保能够达到良好地通达性效果，不宜将户外家具设置在广场草坪中央，以免对周围生态环境造成破坏等；第三，在进行座位朝向摆放过程中，要对所处环境风力、日照以及遮阴等因素进行考量，需要对使用者舒适程度进行保障，并要确保座位朝向能够便于欣赏周边风景，以提高使用者满意程度，保证户外家具使用率；第四，要保证家具配置位置合理性，要尽量选择半遮阴或全遮阴的地点，以避免使用者被阳光直射而出现不适感，同时要避免将家具设置在强风口或阴暗、陡坡等处；第五，要对使用者的动作行为以及惯性思维进行考虑，比如由于多数人的惯用手都是右手，所以多数人更习惯右侧，相关人员需要将一系列家具服务设施放置在右侧，以便将人性化理念良好地呈现出来。

（二）合理进行家具材料选材

由于环境营造与家具材料选择有着直接关联，因此为了达到预期环境营造目标，设计人员可以通过对家具材料进行合理选择的方式，以保证最终环境营造效果。

设计人员在对家具材料、造型以及色彩进行构思时，要加强对当地文化特性的参考，要通过大量选用当地材料的方式，巧妙地将当地文化元素融入到家具设计之中，以提高家具与当地环境空间的和谐度，进而实现家具与当地环境的协调。而提倡就地取材主要出于两种考虑：第一，与长途运输相比，地方取材方式能够节省大量不必要的运费开支，整体设计、制造价格较为低廉，且有着浓重的城市地域特色以及文化内涵，更加善于突出家具的乡土特色，对工业产品文化内涵展示有着极为重要的作用与意义；第二，选用当地特色材料，能够增加各个城市之间的城市文化色彩，形成与其他城市、地区的鲜明对比，能够有效避免文化环境雷同状况的发生。因此，在实践中要大量采用就地取材的方式进行户外家具设计，将乡土材料合理融入到家具设计之中，实现对当地文化的有效表达，同时实现对占用地表生态的补偿，达到良好的和谐状态。此外还要做好当地材料的色彩以及造型配套处理，要保证所选材料观赏性与实用性，确保所制作出的产品能够符合生态环境以及城市文化传承的真正需要，创造出地方特色鲜明且与生态环境相一致的和谐型家具形象。

（三）实施户外家具产品多样化设计

为保障最终环境营造效果，设计人员需要通过对产品进行多样化的设计，以确保家具能够与周边环境有效融合在一起，达到较为理想的协调程度。

在进行多样化设计过程中，一方面要保证在同一使用环境下，户外家具产品材料、种类以及造型的丰富度，要按照环境协调性原则，对产品进行科学设计与统一安排，以提高整体环境空间层次感以及观赏程度，确保环境质量水平的切实提升；另一方面在对同一系列或同一套公共户外家具产品进行设计时，按照具体使用需求，在具体空间范围内对其搭配形式以及布局方案进行多样化安排，确保可以通过对不同点、线、面组合形式的运用，创造出较为理想的空间氛围，提高景观设施吸引力以及内聚力，保证环境空间层次感，进而实现对景观环境协调性以及整体的强化。

（四）合理运用仿生设计手段

地域性设计属于环境协调性设计中的一种，在进行环境营造过程中，设计人员可以通过对仿生设计手段进行科学运用的方式，完成相应地域性造型设计，也可以通过对当地传统造型元素的仿生，为户外家具造型增添地域性特征，达到良好的环境营造目标。

例如在进行江西户外家具设计过程中，可以借鉴赣南客家春节活动，将形状各异的彩灯图案描绘在家具之上，形成丰富且颇具特色的视觉效果，这样不仅能够增加家具观赏性与生动性，减少其冰冷之感，同时还能增加家具的地域特色，是地域文化性设计的直观体现。

江西南康有我国重点扶植的家具产业基地，江西省亦是南方重点林业省份，森林覆盖率已经超过了50%，为绿色化家具产品提供了充足原料。江西还拥有丰富、深厚的文化底蕴以及旅游资源，为江西户外家具实现能匹配区域特色的环境协调性设计提供了较为理想的信息支持和发展空间，户外家具发展前景较为乐观。

第四节　江西苏区户外家具色彩元素表现

一、户外家具与江西苏区城市环境

户外家具是环境艺术基础设施的一种，与室内家具存在本质上的区别。“户外家具”主要是在城市空间内，为了满足生存需求，需要用到的日常工具，最常见的如照明灯、座椅等，这些都是平时随处可见的户外家具。设计户外家具时，色彩处理是其中非常关键的一个部分，良好的色彩搭配直接影响了视觉美感以及工作生活的效率。所以现如今，人们对城市色彩越发重视，色彩和人们的生活也密切相关，对于户外家具设计必须要保证协调性，才能够推动城市的发展。

在户外家具环境协调性方面，现代社会对于人文环境的关注度不断提升，特别是城市环境设备吸引了更多人的关注。然而因为社会环境不断进步，经济也处于飞速发展的态势，城市空间在发展过程中将面临一些问题。比如户外家具缺乏全面性的功能，抑或是颜色搭配不合理等，这些问题都会导致环境不协调。

因为每个人都是独立的个体，所以审美观必然会存在差异，人们对于户外家具设计色彩搭配方面也有不同的认知，例如有很多人关注的是家具实用性和美观性，而有的人则关注家具美观性和功能性。除此之外，户外家具也可以通过自身具备的形态美，将周围环境蕴含的艺术美、文化底蕴衬托出来，与江西苏区的人文环境相呼应。

二、色彩元素在户外家具设计中的价值优势

（一）视觉方面

色彩本身属于视觉语言，可以从视觉上为人提供不同的感觉，让人深切地体会到距离、大小等不同。通过不同明度、纯度的色彩元素，也可以营造出前冲与轻盈的设计效果，户外家具设计时采用低明度与纯度色彩，会形成后退和沉重的设计效果。一般室内色彩设计都会按照房间的实际情况作出决定。如果房间比较狭窄，可以选择明度高的色彩，例如淡红色、浅绿色等。针对户外家具设计，则可以使用饱和度高的色彩，例如暗红色、灰绿色等，形成一种温暖、亲切之感。

（二）心理方面

针对户外家具进行色彩设计，需要充分结合使用目的，使用不同的颜色，会对人的心理、生理产生不同的影响。针对民族文化比较浓郁的地区，则可以使用比较浓郁的色彩元素，重点突出民族文化。明确户外家具装饰物色彩时，需要对感情色彩进行考虑，不同的颜色会为人营造不同的感觉。

（三）健康方面

色彩元素的选择关系到人的知觉情感，知觉情感也是影响健康的直接因素。所以在户外家具设计时，可以搭配丰富的色彩对视觉感官形成一种刺激作用。第一，红色。红色带有一定的刺激性，比较适合江西苏区这一带有革命性质的区域，但是如果凝视红色时间过久，会对视力形成影响，形成焦虑心理，导致精神疲劳。第二，黄色。户外家具设计使用黄色，可以促进周身血液循环，对食欲也有很大的刺激作用。使用黄色可以帮助人们稳定情绪，但是如果是情绪压抑者，则会加重病情。第三，绿色。绿色象征着大自然，具有镇静、缓解眼疲劳等诸多作用。在户外家具设计中使用绿色，可以帮助患有高血压疾病的患者减缓病情。如果长时间停留在这一环境下，会很容易感觉到冷清，影响食欲。第四，蓝色。蓝色象征着大海与天空，具有镇定、安神、缓解情绪等作用，但是这种颜色对于抑郁症的患者有反作用。第五，白色。白色经常给人以洁净、膨胀之感，如果户外家具所处空间比较狭窄，可以使用白色搭配，从视觉上扩展空间，也可以调节人的情绪。第六，黑色。黑色与其他色彩元素搭配可以营造出一种正直、刚毅之感，然而时间久了就会使人产生负面情绪。

三、户外家具设计色彩表现影响因素

户外家具设计色彩搭配影响因素比较多，特别是城市特质、可操作性等方面就有非常鲜明的标准，由此也可以构成城市色彩。城市发展与建设不能一蹴而就，城市户外家具色彩搭配直接代表了精神文化，所以必须要保证家具设计中色彩元素表现的合理性。色彩元素直接影响情绪，在选择色彩时可以先从人对色彩的心理感知特点进行了解，如此才能够更好地发挥色彩语言的优势，进行户外家具设计。进行户外家具色彩搭配时，要按照周围环境色彩呈现的整体性，确定户外家具实际需求。通过分析可以了解到户外家具色彩元素表现的几个影响因素：

（一）环境系统性

建设、发展城市的过程中，一般会对于某一要素的设计有非常好的把握，但是针对色彩搭配却缺乏明确的指向性，导致城市环境布局缺乏协调性，在环境布局上没有按照生活、工作对于环境的实际需求制定科学的布局规划。在江西苏区进行户外家具色彩设计时，需要将人、环境、色彩三者之间的关系进行协调处理，只有如此才能够使户外家具色彩发挥出真正的优势，成为城市环境中色彩景观的一部分，为城市环境色彩元素表现增添一抹亮色。

（二）环境地域性

地理环境不同，蕴含的城市文化也体现出多样化特点，特别是长期接受革命文化熏陶的江西苏区，加上自然环境与气候等诸多因素的影响，地区环境往往呈现出诸多差异。若在建设城市环境的过程中使用现代化传播方式，会为城市环境赋予共性特点，无法凸显出江西苏区特殊的文化特点。所以，针对户外家具色彩元素设计，需要以自然环境、人文环境为前提。针对整体环境的色彩设计，要重点凸显地域性特点，特别是苏区的文化气息，不仅可以帮助城市进行色彩建设，也能传播我国独特的民族文化。

（三）环境民族性

民族文化的形成，是以历史文化为前提，重点体现的是文化层面的心理素质。但是，我国是一个多民族国家，各民族色彩文化具有不同的特点。西北地区的民族服饰主要以高纯度颜色搭配组合，诸多颜色都组合在一起，色彩之间组合与搭配都体现出跳跃性，所以形成了区域性的色彩协调之感。民族的就是世界的，只有突出中华民族优秀文化的优势，才能够始终维持民族的先进性。户外家具色彩元素的表现，也可以以世界色彩文化为主要方向，向世界展示中华民族特有的文化传统。

著名的哲学家黑格尔认为："美的艺术用意在于引起情感。"色彩其实并没有情感，是实际生活当中，人们在季节交替、生活工作经验的累积中，为颜色赋予了不同的情感，久而久之构成了对于色彩的要求。在时间的推移下，历史文化经历了不同的变动，色彩元素设计与搭配的原则也有所调整，只有如此才能够与社会发展需求相适应，推动城市发展。为了实现这一目的，一方面要遵循历史发展规律，另一方面还要根据时代发展趋势，在户外家具设计中体现地域性文化色彩的魅力，在江西苏区形成相对独立的色彩系统。因此，江西苏区的户外家具色彩元素表现，要在体现景观多样性的基础上，结合红色、黄色以及橄榄绿等革命属性色彩以表现出苏区特色。

四、江西苏区户外家具设计中的色彩元素表现建议

（一）重点体现户外家具主题色彩

户外家具色彩元素表现需要按照地域特点对颜色进行划分，特别是对设计对象功能特点方面，更要保证设计的合理性，只有如此才能够在户外家具设计环境领域内，体会主题色彩营造的氛围。例如在活动区域，可以重点营造平和、安静、热烈的色彩氛围，如此一来，便可以使每一个家具都能够发挥出自身的优势，通过主题色彩的方式协调户外家具与环境，并且凸显出户外家具的特征。例如在江西苏区体育场附近，设计户外家具时，要重点体现出积极、活泼的氛围，设计公共设施时，则可以重点使用一些鲜艳又富有革命属性的色彩——如黄色系、绿色系。为了凸显出该环境内部活动设备色彩元素，要与活动主体心理特点相符，选择活泼的颜色，吸引人们来此活动，为其提供相对轻松的户外环境。

（二）重点体现户外家具区域色彩

一个城市本身带有区域性的特点，这也为城市区域划分提供了标准，所以在设计、搭配户外家具颜色时，需要以区域属性为前提组织搭配。例如，色彩元素的体现，要按照区域面积展开分配，运用多样化的搭配原则，以免区域颜色一致性的现象。针对江西苏区的户外家具设计，由于其本身有非常深厚的文化底蕴和历史背景，再加上当地自然环境与气温等诸多因素的影响，应尽量避免使用橙色，因为橙色给人以温暖、光明、华丽之感，不适合用于该地。针对一些重要的区域建设，也要以色彩为标准，使大众对于当地的记忆不仅停留在户外家具的功能上，而是通过色彩的合理搭配与体现让大众了解当地的人文底蕴。户外家具色彩设计是当地环境色彩的重要组成部分，彰显了城市特色，也是江西苏区文化的体现，所以在城市色彩设计与搭配的过程中，需要以设计规划提出的原则、目标为基准，只有如此才能够真正通过户外家具色彩设计体现城市特色文化。城市规划中对于城市的定位和定性，从另一层面解读，也是影响城市

色彩基调定位的直接因素。

(三)重点体现户外家具设计的多样化色彩运用形式

在户外家具设计时,需要凸显出色彩三要素这一基本性质,这在户外家具颜色设计方面体现了非常重要的意义。将色彩明度、色调与纯度改变,可以形成多种效果,在设计的过程中,相同的色彩和色调能够保证一致性,相同色系或者是比较近似的色调也可以相互搭配,色系不同但是却互补的色彩也可以形成对比效果。按照城市环境呈现出的色彩基调,实际配色期间需要运用到不同的色彩搭配形式,为城市赋予多样性的特点。特别是与建筑物位置、功能等因素相关的情况下,要按照户外家具设计目的以及想要传达的信息,合理选择色彩进行搭配。

(四)重点体现户外家具类型的色彩需求

城市性质直接关系到城市未来发展的方向,同时这也是城市规划与设计的重要依据。所以,城市色彩的规划与设计,应与城市中各个区域的功能相结合,凸显户外家具的特点及其本身的角色功能定位。一般来说,色彩掌控需要明确区分字体、颜色,按照标识属性搭配色彩,以此突出户外家具鲜明的个性特点。

综上所述,户外家具的色彩元素设计直接关系到高品质城市形象的塑造,所以在搭配颜色时,需要综合考虑社会环境、人文环境与自然环境等因素,将户外家具与城市区域色彩环境相结合,体现城市环境与户外家具的协调性,进而推动城市建设的长久发展。

第五节　江西红色文化与智能户外家具产品的融合

随着科技的不断发展和进步,智能技术在人们的日常生活中应用越来越广泛,并对人们的生活产生了较大的影响。在家具生产领域,智能技术的应用也在不断加强,而在江西地区,智能户外家具的生产,还将融入当地的红色文化,展现地方特色,这对于家具业的发展和地方特色文化的传承有着极为重要的意义。

近些年来,随着人们生活水平的提升,参与户外运动的居民也在不断增加,适当的户外运动,能够锻炼人的身体,开阔视野,愉悦身心,对于个人的发展是极为有利的。而在户外运动的过程中,不可避免地会应用到各种各样的户外家具产品,如何使户外家具产品设计更加人性化,满足更多人的要求,是当前户外家具产品设计过程中许多人思考的一个问题。将智能技术和地方特色文化应用到户外家具产品设计中，是发展智能家具的一种重要方法。在此将以江西红色文化为切入点分析在红色文化与智能户外家具进行融合的意义和策略等，以求更好地发展户外智能家具。

一、江西红色文化与智能户外家具产品融合的意义

1.传承地方特色文化

江西红色文化在其文化发展过程中，实际上已经演变成为当地的特色文化，如井冈山红色文化旅游区、瑞金文化等，都已经深深地打上了“红色”的烙印，是红色文化的重要象征。近些年，这些以红色文化为主题的地区，旅游业得到了较好的发展，吸引了一批又一批的游客。旅游其实也是户外运动的一种表现形式，在旅游过程中游客不可避免地会运用到各种各样的家具，这些家具的质量效果势必会对游客的出行体验造成影响。而将红色文化融入智能户外家具产品中，能够使家具使用者从多方面感知和体验红色文化，在潜移默化中加深人们对红色文化的认识，不仅在无形中传播了江西红色文化，也有助于当地文化的传承与发展。

2.有助于智能户外家具产品的创新发展

任何事物的发展都不可能是一成不变的，在应用智能户外家具时，不同的使用者可能会有不同的使用体验，而对于家具产品的研究和生产者来说，生产和研发出令使用者满意的产品是他们不懈的追求。在发展智能户外家具产品时，将江西传统的红色文化与先进的智能户外家具产品进行融合，这对于户外家具产品来说，无异于是一次伟大的创新，它赋予户外家具产品新的内涵和文化，使得智能户外家具产品的外形更加多元化，对于江西省智能户外家具产品的发展也有着不小的推动作用，为其他地区的智能户外家具产品创新提供了一定的借鉴依据，有助于我国智能户外家具产品的创新发展。

二、江西红色文化与智能户外家具产品融合的原因

当前，尽管江西地区的旅游文化取得了不小的发展，该地区的游客量在不断增加，户外活动的开展也如火如荼，但是与部分旅游业发达的地区相比，当地的红色文化传承与发展还是存在有较多的问题。另外，据相关部门的数据统计表示，前往红色文化旅游景区的游客以中老年为主，年轻的游客数量较少，而青少年是文化传承和发展的主力军，江西地区的红色旅游文化，只有吸引更多的年轻游客，才能取得更好地发展。将红色文化与智能户外家具产品融合，是文化和户外家具产品创新的表现，这种创新为当地文化产品的发展注入了新的活力，能够吸引更多青年的注意，使它们感受到红色文化的魅力，能够更好地发扬

当地文化。

同时，红色文化与智能户外家具产品进行融合也是红色旅游景区旅游宣传的一大卖点，能够为当地吸引更多的游客，增加当地的经济收入，有助于当地多方面的发展和创新。

三、江西红色文化与智能户外家具产品融合的策略

1.要充分了解和认识红色文化及智能户外家具产品

在智能户外家具产品创新和研发过程中，要想将红色文化与之进行有效的融合绝非是一朝一夕的事情。因为在二者融合的过程中，并非是将他们简单地进行堆砌，而是要让二者你中有我，我中有你，互相成全。在红色文化中使用者要能够感受到智能户外家具产品的优势和魅力，而在智能户外家具产品使用过程中，我们则需要体会红色文化的精神内涵，这样的红色文化与智能户外家具产品融合才是真正有意义和价值的融合。而在具体的工作中要做到这一点，相关的研究人员则必须了解和认识红色文化及智能户外家具产品的特点。如我们所说的江西红色文化所包含的内容极为广泛，不同地区所特有的红色文化内容也是不同，如井冈山和瑞金红色文化的表现形式和标志就存在有一定的差异。在户外运动过程中，游客游览区域不同，所见识到的红色文化内容和展现方式可能也有所差异，所以在将红色文化融入到智能户外家具产品中时，则应当注意到这种差异，如将二者进行融合的时候把八一南昌起义相关的红色文化与瑞金革命旧址群地区的智能户外家具产品进行融合，可能很难有效地传承红色文化，发挥家具的作用效果。因为二者不属于不同的地区，在环境和文化内涵上有一定的差异，如果随意地将它们捆绑在一起是难以发挥其价值的。

从智能户外家具产品的角度来看，当前市场上比较活跃的智能户外家具产品的种类和形式多种多样，能够最大限度地满足用户的需求。在与红色文化融合时，如果随意融合很容易破坏家具产品原有的美感和特色，不利于智能户外家具产品的发展。所以，在将红色文化与智能户外家具产品融合时，需要充分认识和了解地区的红色文化和智能户外家具产品。

2.注重智能户外家具产品的选材和造型工作

智能户外家具的选材和造型十分重要。首先，不同材料和形态的家具产品会对用户的使用体验产生较大的影响；其次，产品的选材和造型能够较好地包容红色文化，是红色文化与之进行融合的一种重要手段。比如，在户外经常会用到的遮阳伞和供人休息的木亭就是宣扬红色文化的重要场所，那么设计人员在进行造型设计时，可以将遮阳伞设计成红军在战争年代应用过的油布伞的样式，同时在选材时，也可以向过去红色文化中出现过的雨伞材料靠拢，这样更容

易激发使用者的感知欲望,有助于人们充分了解和认识传统文化。

此外,注重户外家具产品的选材和造型还有一个重要原因是由环境因素引起的。众所周知,户外环境和室内环境是不同的。在户外,家具长期暴露在阳光之下,经受风吹雨打,家具的磨损率较高,使用寿命较短,在将智能技术应用到户外家具产品中能够对家具产品进行自主的调节。比如说,长期经受风吹雨打的户外桌椅磨损率肯定比室内使用的桌椅更快,将智能技术应用到家具产品中,能够实时地对桌椅的使用情况进行监督,在产品不使用时,甚至还可以对其进行适当的保护,这样也能够有效地延长家具使用寿命,对于智能户外家具产品的发展是极为有利的。在进行家具产品选材和造型设计时,注意考虑环境因素,使产品更加贴合环境,在环境中展现产品的特色和红色文化的魅力,使使用者更加亲近自然,为能够更好地发挥红色文化的影响力,使人们充分的了解传统的红色文化知识,增长见识,开阔视野,丰富人们的精神世界。

3.注意红色文化与智能户外家具产品融合的平衡点

在将江西红色文化与智能户外家具产品进行融合的时候,需要工作人员找准二者之间的平衡点,进行合理有效的融合。在具体的融合过程中,产品设计者需要注意不能一味地突出红色文化,即使是在红色文化与智能户外家具产品的内涵不匹配的情况下也要强行将它们进行融合,这样可能最终不但无法展现文化的魅力,发扬家具的作用,反而会适得其反,使人觉得产品使用存在诸多缺点,使用效果不理想,红色文化也因为与环境和产品不匹配而使人产生厌烦的感觉,这对于红色文化的发展壮大,智能户外家具产品的发展都是不利的。因此,在平时的产品设计中,工作人员要提升自己的审美素养,多角度考虑红色文化与智能户外家具产品进行融合的优缺点。

江西红色文化是当地极富时代特色的文化,而智能户外家具则是人们出行必不可少的产品,随着科技的不断发展和进步,智能化产品的应用将会越来越广泛,在二者发展过程中,将他们进行有机融合,能够较好地展示文化和家具产品的魅力,有助于红色文化的传承和发展,使更多人了解和熟悉江西红色文化,对于家具产品来说,将文化与其进行融合则能够创新和发展家具产品,可谓是一举多得,而且这种融合方式也能够为其他地区提供学习和借鉴。

第五章　海昏侯文化与现代家居产品设计

海昏侯墓即南昌西汉海昏侯墓，于 2016 年 3 月被确认墓主为汉废帝刘贺，位于南昌市新建区大塘坪乡观西村附近，是目前我国发现的面积最大、保存最好、内涵最丰富的汉代列侯等级墓葬。主墓、墓园及周边侯国都城遗址的完整性在国内独一无二，并于 2015 年入选“中国十大考古新发现”。

海昏侯国遗址现今仍在保护与开发当中，墓园大约为 46000 平方米，长度约为 800 米，有东、北两个门。江西政府为海昏侯遗址积极申报世界文化遗产，并计划建设出世界一流水平的国家考古公园，将保护与发展相结合。在有效保障遗址真实性和完整性的前提下，对海昏侯国遗址公园的建设提出“海昏元素”“豫章特色”“江西韵味”“大汉气势”“中华文明”五大设计理念。

与海昏侯国遗址公园建设相配套的，还有交通路网基础设施、生态景观水系等项。如海昏大道的建设将把南昌城区、机场、遗址公园相连，使得南昌城区到遗址公园的路程由原先的 45 公里缩短为仅需要 20 公里。据悉，这三项工程将于 2018 年左右完成，总投资达 120 亿元。

第一节　海昏侯国遗址文化价值分析

海昏侯国遗址的发掘，是震惊中外考古界的一件大事，中国科学院将海昏侯评为 2015 年“大考古新发现”之一。自 2011 年起，经考古发掘已经出土金器、玉器、纺织品、铁器等各类珍贵文物近 2 万件，其中更是包含《论语》、孔子像等珍贵文物资料。海昏侯国遗址也能够很好地还原一个汉文化的一个场景，不论是从考古学还是历史学的角度，海昏侯国遗址的文化价值都难以估量，多数专家都认为其考古价值超过了马王堆汉墓。

一、文物的历史价值

海昏侯墓出土的金器中,有的金器刻有“上”“中”“下”字样。① 《管子》中记载,春秋战国时期珠玉为上币,珠玉为中币,刀布为下币。秦朝时期,货币制度发生了变化,黄金由中币升为上币。《汉书》记载:“秦并天下,币为二等;黄金以溢为名,上币。”汉武帝时期,进行了币制改革,他将黄金制成了麟趾壮、马蹄状,并制造出了中华民族历史上使用时期最长的货币——五铢钱。② 海昏侯墓出土的10余吨五铢钱,铸有“上林三官”字样。专家认为,这些五铣钱由刘贺家族的储蓄,还有亲朋好友甚至朝廷官员参加丧礼随的“份子钱”。

海昏侯墓出土文物中,一件青铜制酒蒸馏器受到专家极大的关注,具有很高的观赏价值和历史研究价值。专家组副组长张仲立说道,关于蒸馏器最早的资料记载是元代的《饮膳正要》,出土最早的蒸馏器也出自元代的古墓。而这一件海昏侯墓中的蒸馏器,将我国的蒸馏酒历史向前推了1000年。

另外一个例子,海昏侯墓出土了一块屏风,屏风上有孔子的图像及生平介绍文字。其文字记载“子中尼,姓孔,子氏”,“鲁昭公六年,孔子盖册矣”,这些文字确切地记载了孔子的姓氏,而之前的资料都并没有记载。据《春秋公羊传》和《春秋穀梁传》推算,孔子在三十而立之年是鲁昭公二十年,也就是公元前522年,而该屏风的文字中的鲁昭公六年为公元前536年;“孔子盖册矣”意为孔子三十岁,那么由此可以推算出孔子的出生时间比原先记载早14年。海昏侯墓中最有价值的文物是出土的数千枚竹简。在纸尚未被发明之前,中国古代记录的载体有帛、木与竹,更早的有青铜、龟壳和岩壁等。正是这些载体,能让很多宝贵的资料得以传世。诺贝尔获奖者屠呦呦,在瑞典发表题为“青蒿素:中医药给世界的一份礼物”的演讲时,谈到了中国医药文献对青蒿素的发现起到关键作用。关于青蒿入药的记载,最早可以从《五十二病方》中找到;《本草纲目》《神农本草经》也有对青蒿素的记载。③ 由此可见,现代很多方面的成就与辉煌,离不开古代文献的帮助与滋养,当代科学工作者也要站在巨人的肩膀上前进。

至今为止,海昏侯墓已经出土了5000多枚竹简和木犊,是我国简犊考古史上的重大发现。墓主刘贺生在汉朝,随葬的竹简应当记载的是汉朝之前的文献,竹简内容大约包括《论语》《易经》《礼记》《五色食胜》《悼亡赋》和医书、签牌、

---

① 参见戴志强、李君:《从西汉刘贺墓说到中国古代的金银钱币》,《中国钱币》2016年第5期。

② 参见江致衡:《海昏侯国遗址文创衍生品设计开发路径研究》,南昌大学硕士学位论文,2017年,第15页。

③ 参见《江西晨报》编著:《发现海昏侯》,江西教育出版社2015年版,第36页。

奏犊等八个部分。其中，《易经》的经文首先解释卦名的含义，然后自《象》传以下的内容与选择类《日书》类似，它虽然在排序上与传世《易经》相同，但又在内容上和传世《易经》差别较大；医书的内容与养生和房中术有关，它在马王堆帛书《天下至道谈》中记述的“八道”之上，增加“虚”“实”二者而成为“十道”；《五色食胜》记述是以五种颜色代表相应食物，类比于“五行”相生相克的方术类内容；《悼亡赋》中出现描写家墓的文字等。专家称，2000 多年前古籍的面世，或许涉及以上八个部分的历史书籍有的将被改写。

二、墓主刘贺的文化价值

墓主刘贺也是非常具有研究价值以及文化价值的一位历史人物，从昌邑王到皇帝，再到废帝，最后海昏国封侯郁郁寡欢逝世，一生十分具有戏剧性。

了解刘贺，需要先了解刘贺之祖父——汉武帝刘彻。刘彻 16 岁登基，在位 54 年，享年 70 岁。汉武帝雄才伟略，是我国杰出的帝王之一。海昏侯墓中出土的马蹄金、麟趾金和五铢钱的制造也始于汉武帝刘彻时期。刘彻对于中华民族的贡献十分巨大，从刘彻开始，正月初一为新的一年开端被固定下来，过年这一习俗延续至今，成为世界各地华人深植于血脉的记忆。从刘彻开始，儒家学说称为中国人心中的“正统”思想，其影响范围远至日本、韩国、新加坡等国，至今这些国家许多人都认同儒家思想；从刘彻开始，皇帝的袍服以黄色视为尊贵，也称为“黄袍”，这一规定也一直延续到清朝；从刘彻开始，中国皇帝设立年号。《汉书・汉武帝》中赞曰：“兴太学，修郊祀，改正朔，定历数，协音律，作诗乐。”汉武帝虽然不是开国皇帝，但是在中华文明历史的长河里，他开许多风气之先，堪称中华文明的“精神”始祖之一。

刘贺，5 岁继承昌邑王位，19 岁称帝，27 天后被废为平民，30 岁被封作海昏侯，34 岁在郁闷中逝去。江西日报社《新参考文摘》报社副总编辑刘胜兰，综合刘贺生前以及死后的三个常用称呼：汉废帝、昌邑王、海昏侯，名之曰“帝王侯”。这三个字简单地概括了他跌宕起伏的一生。

三、海昏侯国的汉代考古价值

海昏侯国遗址是我国目前发现的面积最大、保存最好、内涵最丰富的汉代侯国聚落遗址，也是研究西汉后历史最独特的大遗址。

汉朝时期的文化是繁荣的时期，但是所保存的文献资料很少。我们对于汉代列侯等级的丧葬制度了解甚少，此次海昏侯墓不仅填补了此块研究的空白，还清晰地还原了刘贺生前生活的场景——祠堂、寝宫、厢房等建筑，可以让我们去想象当时生活的场景。随着海昏侯国遗址的挖掘进一步发展，墓葬园区的整体形态已经体现出来，以海昏侯主墓和七座副葬墓为基础的海昏侯墓葬园区，将院墙、门阀、祠堂等建筑展现出来，再现那个时代列侯们生活的场景。主墓前的祠堂和厢房都是回廊式的建筑，对于汉文化的研究非常具有价值。不仅对于考古研究者是具有价值的，对于现代人而言，能够还原汉代时期的生活场景也十分具有吸引力。如果能将海昏侯墓，建设成为海昏侯国遗址公园，还原汉代海昏侯国生活场景，则能更好地向当代大众传播汉文化。

第二节　海昏侯元素在现代家居产品中的创新运用

笔者在对海昏侯席镇、博山炉、雁鱼灯等文物的观赏过程中发现它们造型生动独特，还蕴藏着丰富的文化信息，因此产生了提炼海昏侯文物造型及文化元素，对其进行分解、变形、重组等研究，并将其结合运用到现代产品的创新性研发中去的想法，以期得到具有高辨识度和民族特色的现代家居产品形象。

一、海昏侯青铜器

海昏侯墓中出土的青铜器有3000余件，具有代表性的有：

1. 青铜镜

“昭明”镜和“清白”镜均为圆形、圆钮、圆钮座，钮座外是十二连珠纹，内区素边与八角连弧之间刻有云气缓带纹，铭文在外区素边与八角连弧之间。这种样式多见于西汉末年，属于较早的装饰形式的铜镜。铜镜在古代除了有照面的使用功能，更是情人间互赠的礼物，如“昭明”镜是女子为了对其夫婿纪念或表达爱意而制作的铜镜，而“清白”镜则表达了女子对以清白之心侍奉夫君，如同样无污秽沾染的铜镜一样，不愿夫君因为其逝去的容貌而疏远自己，能够想起曾经的夫妻之情，永不相忘的情怀。

2. 青铜车马具

在中国几千年的历史发展过程中，车马作为中国古代主要的交通工具有着举足轻重的地位，不论是作为陵寝的陪葬、社会生产和运输方面的应用还是运用于战争当中，车马的地位都举足轻重，通过对车马相关方面的研究使我们更容易了解相应时代的历史、文化、经济、政治等发展水平。在这其中，最为突出的便是车载装饰方面的研究，也是目前出土最多有关于车马器具的相关物件。

秦汉时期发展了较为完善的骑马鞍具，随着不断的发展和完善，形成了较为完善的车辂制度，对于车载装饰的要求也日益追求豪华考究。海昏侯墓是目前长江流域发现的第一个用真实车马陪葬的汉代陵寝，有 5 辆木车痕迹和 20 匹马的残骸遗迹。

3. 当卢

当卢是古代车马具中作为马额部偏上位置或额部与整段鼻骨处的装饰，可以在其上打孔穿带缚扎，其大小、材料、形状各异，是车马器中极具研究价值的部分之一，从其制作材料、工艺、制式等方面可以结合其他历史文物与文字记载推测出当时的文化、艺术、神话传说等历史信息，为揭开尘封的中华历史积累了力量。

海昏侯墓出土的青铜当卢主要为鎏金的鸟兽类装饰，可见当时玄鸟、凤凰一类的图案已是皇室身份的象征，厚葬物品连车马具都极尽奢华，在车马器中最为突出的是两枚错金当卢。

两枚当卢上的错金花纹都极其繁复精致。一枚最上面刻有一只奔腾状的老虎，周围以错金条纹装饰并分割空间；接下来的部分是两个球形图案，左边圆内绘为玉兔和玉蟾，代表月亮，右侧的圆内绘有代表太阳的金乌；在这之下有两条头颈相背、尾部相交的错金龙，绕着中间呈凤鸟衔珠的图案，尾部环住一条鱼；最下部为一只回颈上望、尾部开屏的神鸟，周围饰以云纹装饰，整体图案即为白虎、日月、青龙、凤凰、玄鱼与朱雀交错有序形成的。另一枚最上面为凤鸟衔珠图案，较上一枚更为动态，呈翱翔于天状，周围饰有大量的云气纹；其下为奔腾的白虎，动态与上一枚相似；接下来为两条头相对、身体相交、尾部相交的青龙图案；最下方与上一枚相同，也是一只回首上望的朱雀。两枚当卢制作精美，错金技术出神入化，反映了西汉前期的青铜装饰工艺和图腾神话在装饰方面的运用。

4. 其他车马器装饰

从出土的车马器来看，不论是当卢、马镳、车衡、节约、軏饰，还是辕饰方寸之间都布满了错金花纹和图案。

轴饰、辕饰、衡饰等连接马车部分的部件多以兽类造型为主，轴部的装饰是错金的虎纹兽首，线条流畅、精致；另一枚轴饰为古朴的青铜虎头状兽首，线条简洁；青铜辕饰展示了两种：一种为龙头兽首装饰，另一种为虎头兽首装饰。其形制皆体现了东汉时期达官贵族所特有的装饰风格特点，比如出土的青铜珠饰上都有着精致的错金纹。秦汉时期兴起了对车伞盖的装饰热潮，海昏侯墓出土的车伞盖装饰中盖弓帽也极尽华丽，比如其帽身较长，其上还有错金图案，盖弓帽顶部呈散开的鎏金四瓣八棱的花朵形状。

5. 青铜博山炉

博山炉是汉代才出现的一种日常使用作为香薰、驱蚊虫与装饰摆设使用的青铜器。海昏侯墓中出土的博山炉为错金青铜博山炉，其上部炉壁装饰为云气纹，盖部仿仙山造型，山峦起伏、重峦叠嶂，其间饰有人物及动物浮雕，造型华丽，云气纹随山势而动，将镂空的孔隙与之完美融合而不显突兀和做作。下部为刻有龙凤形状的浮雕装饰炉壁，与上部衔接，足缘还饰有代表的云气纹，这使得其焚香时烟雾缭绕，使博山炉看起来宛若云中仙山一般，其整体做工精美，显示着皇室御用青铜器的高贵大气。

6. 青铜编钟

编钟始于最为推崇礼乐制度的西周时期，是世界上最早制造和使用编钟作为乐器的朝代，由青铜铸造而成，根据大小、厚薄程度和雕刻等方式来调节音律。海昏侯墓出土了 2 组编钟，其中钮钟 10 件、甬钟 5 件，按照音律排列其大小依次递减，最大长度的有 60～70 厘米，最小的有 5 厘米左右，其制作形式为合瓦形；中部弧突，编钟内钟腔浑圆均匀，采用楔形音梁结构。编钟表面有乳钉样式的装饰，按照三行三列排列在钟面两侧，一面 18 枚，在其间绘以类龙形错金装饰，下部为凤尾形状的错金纹样。其中的几个钟面上有“宫、商、角、徵、羽”与记录重量、铸造人等相关信息的铭文。这是在春秋战国礼乐崩坏之后，汉代重拾礼乐制度的有力证明。

编钟出土时都悬挂在钟架之上，经考古人员鉴定为实用器，保存较为完好。钟架下方为兽形底座，其中一种为跪坐形状的鎏金青铜马，其上装饰纹路流畅、细致精美，马的造型充满了力量，使之与编钟形成了动静结合之美；另一种为龙头，背上有翅的神兽造型，推测应该为龙九子之一的“囚牛”，因其好音律，能辨万物之声，常常被用来作为乐器的装饰。

二、海昏侯竹简

海昏侯墓出土文物种类极为丰富，其中尤以逾万枚简牍为大宗，出土上万枚竹简和近百版木牍，是我国简牍发现史上的又一次重大发现，也是江西考古史上首次发现汉代简牍。

海昏侯墓考古发掘专家组组长信立祥称：“在任何地方出土数量如此多的简牍，都是简牍史上的重大发现。此前发现的汉代简牍出土的环境差异较大，在墓葬中出土的简牍往往内容更完整，在高等级墓里发现简牍则更有价值。”① 更为重要的是，这些竹简、木牍中包括很多历史典籍和经书，具有极大的文献价值。据江西省文物考古研究所所长徐长青介绍：“竹简总计有 5200 多枚，并对其进行了红外线扫描、脱水、加固，而后进入正式的释读阶段。内容包括《论语》

① 习罡华、肖昭华：《海昏侯史疑三则浅析》，《地方文化研究》2016 年第 6 期。

《易经》《礼记》以及一些医书和一些赋。《易经》的经文首先解释卦名的含义，它虽然在排序上与传世《易经》相同，但又在内容上和传世《易经》差别较大。”①

海昏侯墓竹简《周易》的出土，对于早期《周易》的传承、西汉初期《周易》的文本型态等问题的研究或将产生重大影响。

三、海昏侯漆器

南昌汉代海昏侯墓出土的2300余件漆器，工艺精湛，装饰高雅，集中再现了西汉时期漆艺的辉煌，也反映了该时期手工技艺的较高水平。这些漆器种类丰富，有非常多的饮食器具，《盐铁论・散不足》写道“厚资多藏，器用如生人”就充分验证了饮食器具的重要性。这些器物生动地再现了汉代人民的日常饮食场景，对于研究汉代的饮食文化有一定的参考价值，其中较有代表性的属漆匜，它是当时贵族的盥洗用具。在汉代之前，匜多用青铜制作，称“青铜匜”。青铜匜自西周中期开始流行，渐渐作为水器与盘固定搭配使用，是西周沃舆之礼的主要器具。至汉代时，青铜匜被漆匜代替，因其形状类似瓢，汉人洗手时常作为注水器具。该类文物的出土也表明西汉海昏侯国贵族阶层继承了自先秦以来的盥洗习惯；就海昏侯墓出土的器物来看，精巧绝美的梳妆用具，主要是漆奁。“奁”在中国古代常常用于盛放梳妆用具、装饰品等，其做工、用料、装饰都非常讲究。其制作过程一般是先制胎骨，髹漆后在底漆上先施以彩绘，再镶嵌扣带及宝石、贴饰金银箔片。海昏侯墓出土的漆奁为多子结构，便于收纳，造型优雅，装饰精美。另外，海昏侯墓出土的漆器家具甚为丰富，包括漆案、漆几、漆屏风等。其中出土的孔子屏风详细记载了孔子生平，并有精美画像，被大多数考古学家认为是迄今为止发现的最早的孔子像载体，也从侧面印证了西汉中晚期独尊儒术，儒家思想被贵族阶层所推崇。

四、海昏侯元素与现代家居产品的创新运用

海昏侯墓考古项目目前已取得阶段性重大成果，多项成果具有独一无二的价值。其主要表现在对文物保护利用、城市规划开发利用等方面的探索和研究，而在现代家居产品中的运用研究较少。现代家居产品是反映当代人生活品质及精神追求的设计，若能将文化遗产元素运用其中，在实现产品创新的同时亦能有效地弘扬海昏侯文化。

作为设计师，如何做到古为今用、推陈出新，将文化遗产元素完美地融入现代设计当中是一门重要的课题。做中国式的创意设计，主张“中国风格”的现代

---

① 转引自杨学祥：《南昌西汉海昏侯墓出土竹简〈周易〉》，《周易研究》2016年第4期。

设计是把中国传统文化的精髓融入现代设计的理念中去，让观者直接看到东方艺术魅力的视觉元素。这种设计主张强调的不是表面形态的“中国化”，即所谓的“看起来像中国风格的”设计作品，而是一种需要引人思考的内质的中国传统文化。通俗地说，这种创意在作品中的体现不仅仅是表面上的“中国式复古”，而是通过有故事的海昏侯文物造型，将具体的文物形象转为无形的内涵，再运用到现代家居设计中去。

海昏侯文物造型的运用，并不是传统符号的简单套用和照搬，而是将文化的“精髓”提取，在产品中表现其精神，更是传播海昏侯文化内涵，传播江西地域特色文化。在此仅以“海昏侯青铜博山炉”和“海昏侯白陶壶”为例，展示其在现代家居产品中的创新运用及传承（见本书第七章第二节“海昏侯文化与家居产品设计”）。

总之，民族文化已成为中国设计走向世界、立足世界的根本，秉承和发展一切优秀传统文化，是设计创新的前提。而脱出美学传统的物化表现，将传统的艺术精神注入设计师头脑中并与现代意识相结合，其本身就是一种设计理念的创新。运用海昏侯文物造型进行的现代化设计可使产品在今后的使用过程中洋溢出浓郁的文化气息。

第六章　景德镇陶瓷文化与产品包装设计

第一节　包装设计的新局面

一、概念的界定

包装可以理解为是商品进行保护外观结构的设计，通过不同的加工工艺或者材料的特有属性进行的一种设计行为，有内外包装之分。包装是附着于产品本身的，是提高产品销售额的一种营销手段，是企业形成品牌意识的一种有效的宣传媒介，起着举足轻重的作用，因此包装有“无言的推销员”之称。包装设计的现实意义不仅仅是视觉上的享受，单纯地追求形式美不一定能起到推动产业发展的作用，只有架构在良好的产品基础之上的设计行为，通过新颖的创意配合完整的宣传手法，包装设计形式才得以真正完成视觉传达的专业性要求，并起到提高产品销售的作用。

就陶瓷的发展情况来看，传统意义上的陶瓷包装主要考虑产品的实用功效、安全功效，应优先考虑保护作用，而现代的包装设计形式逐渐倾向于个性化、简约化、人性化的设计方向，人们对简约主义越来越喜爱，这也是未来陶瓷包装发展的方向。

开拓包装设计局面的一个侧重点则是设计理念的更新和营销策略的更新，体现在传统与现代设计的结合与差异，以及在激烈的市场竞争中怎么样才能脱颖而出的问题，是设计师需要重点关注的。设计的物质载体是产品，产品是设计内容传达的物质媒介。评价一个作品设计好坏的标准在于消费者对设计的满意度，要求设计师必须站在时代的发展前沿，紧跟设计更新步调，掌握最新的设计动态，牢牢把握设计原则的大方向，结合传统的原有设计基础发展创新，多维度、多视角、多方向、全方位的面向未来发展。所谓“超前思维”的概念界定，具体指的是动态的思维观念，要求运用动态的眼光看待问题，不局限于当前事物静止的状态①，所以说“动态观念具有开放、发展、调整、优化等特点”。用发展的眼光看待包装设计的发展可以促使包装不断的自我完善，达到一定的功能外延，添加包装的设计功能，打破传统意义上的单纯包装形式。

二、包装中文化要素的渗入

“产物丰而至文化”，发展文化软实力，促进文化产业的发展已经是当下的发展趋势，文化附属更是当下文化发展在企业文化进步的一大契机。只有提升企业的品牌化认识，迎合审美需求的变更，人们从追求物质享受逐渐向追求内心的情感满足转变，商品的设计才能在精神上满足消费者的愉悦心理。高等教育制度的普及，人们的平均受教育水平的提高，使文化在人们日常生活中的作用越来越广泛，仅仅依靠政治经济是不足以提高综合竞争力的，还必须提高文化在产业发展中的强大力量，平衡“软”文化与“硬”文化的政策比例。在包装设计中注入合理的文化要素，不仅可以增添产品的品牌效能，而且也能够提升产品的档次。

包装设计作为视觉传达设计中很综合的一种视觉设计形象，对人们生活中的产品包装具有导向功能，是一种视觉文化，间接地体现了当下的审美趋势及设计发展方向，是连接消费者与设计师的桥梁，为消费者提供可靠稳妥并兼顾共性与个性的设计产品。

包装设计能够提升产品的附加值，即其所附带的文化形态，也就是所谓的包装形象。一方面，进行包装需要涉及的图形、文字、色彩以及与当地特有文化的结合，将成为宣传媒介非常有效的信息表达方式，从而达到设计服务于生活的目的；另一方面，设计服务于生活还表现在商品的功能属性与文化属性的结合，消费者出于对文化的认同感而产生的消费欲望比因为喜欢包装的外部形态产生的冲动消费要长远。这样消费者产生的认同感才能长久与深远，更能从内在层面去欣赏一件商品的包装设计，包装也只有在融合了文化内涵之后，才能更易于为人们所接受。

三、陶瓷包装设计中的自然属性、人文属性、审美属性

包装设计所涉及的专业领域比较广泛，例如图形信息的处理、文字信息的

---

① 参见李慧如：《景德镇日用陶瓷包装设计现状研究》，景德镇陶瓷大学硕士学位论文，2016 年。

处理、材质的选取等都需要设计师考量，不仅对文化的传承起着重要的作用，更是对自然人文的继承与发扬。全森说："形式和风格的美必然是物性与人性的协和。"[①]美是一个事物吸引人的前提基础，而样式是感性与理性的相对组合，不能一味地追求感性的情绪表达还需要理性来节制设计，自然属性要求设计要符合商品本身的特质，不能改变其内在的结构造型，审美属性则要求包装设计要体现美，不能把物体不好的一面张扬出来，要起到扬长避短的作用。包装设计能把自然属性、人文属性以及审美属性三者完美地结合起来，以自然属性为基础，人文属性为依托达到审美的高度发展，可以分别从这三个方面具体体现。

自然属性是就陶瓷产品的本能性质来讲的。日用陶瓷的功能性体现在满足人们的日常生活需要，工业陶瓷的功能性也是满足人的需求，艺术瓷从美的功能上满足人们的审美需求，都无不体现产品的固有属性特征。自然属性是设计的出发点。另外，设计还要忠于对器物的造型，结构、生理的触觉以及对材料的纹理等合理保留。人文属性专注人的情感表达，以深入消费者的喜爱为前提进行合理的人性化设计，拉近消费者与产品之间的距离，刺激消费需求。审美属性所满足的是个性心理消费需求，也是为了迎合市场瞬息万变的消费潮流，随着消费者的喜好来发展的。因此说，人们对美的追求的异同决定了设计的差异。

第二节　景德镇日用陶瓷包装设计的现状

中国陶瓷的发展历史悠久，而作为中国瓷都的景德镇更是享誉国内外，更以特色的青花瓷为代表被大众广泛知晓。由于一直以来的故步自封，景德镇的陶瓷文化并没有完全融人市场，对国际市场的开拓远远还没有达到应有的力度，造成这一困扰的原因有很多，其中包装是一个不容小觑的方面。作为易碎品的陶瓷产品，对包装的要求则更为严谨。现下不仅是对包装的功能要求更加严谨，而且对包装的形式设计也提出了更高的要求。针对景德镇的陶瓷产品包装从基本的设计层次讲，构成设计本体的元素主要有视觉的装饰形态、包装的形象设计、结构的形式统一等。

---

① 全森：《人性的真，创造的善，理性的美——世纪末对装饰的再思考》，《美术学报》1997 年第 20 期。

一、视觉装饰杂乱化——审美文化的迷失，缺乏现代设计定位

论证一个设计好坏的前提是内容，内容的丰富体现创意的优劣，好的创意是承接一个好设计的前提。好内容的具体表现是指好的创意，好的形式则是指好的表现方式。日用陶瓷占有比较大的市场份额，产品种类繁多，如家庭日常用品餐具、茶具、花瓶、罐子等可进行包装设计的产品也比较可观。

如今，陶瓷包装的设计仍然采用比较传统的中国锦盒的包装形式，色彩多采用的是红色、黄色、蓝色为主的颜色，选用红色是因为红色代表喜庆、美好；选用黄色是因为在我国古代，并不是所有人都能使用的，最初只是上流人士才能使用权，黄色代表贵气，采用得比较多；而蓝色的选取则主要是结合景德镇当地的文化特色，所以蓝色也被广泛运用到包装上面。虽然这是中国传统的色彩元素，但是毫无目的、毫无节制地使用就会形成视觉上的审美疲劳，既不能突出色彩的魅力，反而降低了包装设计水平。文字更是一味追求古风的书法字体，进行一般的题诗标字，认为是对传统文化的合理传承，并未从设计的角度去重新规划字体在一个包装作品中的合理编排。图案更是没有进行合理的甄别，对素材信息的辨别度不强，影响了视觉的效果。

出现以上问题的原因，主要还是因为审美能力不强，设计意识不完善，只是单纯意义上的元素叠加。中国元素固然很好，一味地叠加使用降低了元素的使用价值，失去了元素在设计中的应用价值，产品的包装显得杂乱缺少设计感，使得产品的包装没有特色，且风格相同，形成不了各自独特的设计形态。

从包装设计的角度来讲，日用陶瓷有其自身的独特性，陶瓷产品不仅具有本地的地域文化特色，还具有易碎产品的特殊属性，两者的相结合就要求包装设计兼顾功能与形态，这样才能达到一个比较理想的设计要求。随着人们消费水平的提高，审美能力的提升，人们对陶瓷包装也越来越重视，对包装设计的要求也越来越高，对设计理念的关注度也越来越高。笔者认为，根据陶瓷的特性，不一定非要效仿古代的样式、彰显陶瓷的贵气才叫优秀设计，追求简洁大方、素雅的包装形式，只要能突出品牌意识，符合陶瓷品牌的中心思想就是好的设计作品。

二、形式一统化——设计创意的匮乏，品牌意识的薄弱

陶瓷属于易碎品，其包装结构的首要考虑因素是保护产品的安全，所以不适合过多采用包装异形的结构。针对器型造型怪异的可以设计相应的包装形式，针对大众产品的包装形式主要采用的还是中规中矩的内外包装结构，外包装盒大多还是采用矩形的纸盒为主，采用材质硬度比较高的纸箱并进行压缩能

起到一定的抗压作用。通常，包装盒的大小按照产品的尺寸来定，内包装则是普遍采用泡沫配合布料的形式，虽然在一定程度上保护了陶瓷产品，但是由于大同小异的包装使得产品的辨别性不高，很难在包装上区分产品的异同。除非看到实物，消费者很难第一时间选择自己比较中意的产品，这样无疑是消耗了买家与卖家的共同时间。

无论从陶瓷产品的包装结构还是设计水平又或者是内部包装的设计缺失都是缺乏设计思考性的表现。这样的外装结构形式会给消费者带来心理负担和审美的疲劳，人们渴求包装结构形式的丰富性来改变陶瓷包装单一性的现状。

三、材料表现陈旧化——包装技术的落后，内容形式偏离

目前主要的包装形式有简易包装、纸箱包装、礼盒包装、木箱包装等。简易包装非常随意，包装形式简单。目前陶瓷经常采用的是盒装的形式，并且针对的是一般消费商品的包装设计，基本上没有很复杂的材质应用，如草绳的捆绑、草纸的包裹等简单的捆绑形式。这种包装形式适合于简单的商品销售，但形成不了销售产业链。纸箱包装分为瓦楞纸包装和蜂窝纸包装，这样的包装形式成本比较低，只是适合一般的产品堆放，但是对陶瓷的保护功能不大，相对用于中低端的产品包装。高端的陶瓷产品的包装，不仅在材质方面得到了很大的改善，在设计上也别具匠心，包装材料多采用木材、竹材、合成纸板等材料，与一般产品对比，在外形、设计、材质等方面有很多不同。

第三节 景德镇日用陶瓷包装再设计

一、景德镇日用陶瓷包装再设计及新方向

陶瓷尤其是日用陶瓷充斥在人们日常生活的方方面面，陶瓷商品本身在商品经济中具有很重要的商业位置，但是近些年出现了陶瓷销售的低潮期。这一方面受市场经济的影响，另一方面是受陶瓷包装的滞后的影响。从企业发展的角度来讲，包装是陶瓷产品的外部形象，直接影响产品的销售，对包装的再设计刻不容缓，必须改变包装的陈旧、保守以及雷同的市场现象。

（一）情感因素——人文关怀，情感需求

人的行为是事物在大脑中枢的神经反应，是不以人的主观意识为主导的潜

意识行为，具有人的特殊性、情感性。在社会发展的初期，人们更多的是关注生存，关注的是物质层面的消费，随着社会的进步，消费能力的提高，人们开始关注精神层面的视觉享受，影响精神系统的情绪化体系也逐渐形成规模。情感系统负责作出判断并能够及时地帮助人们根据喜好选择产品，人的情感体现是由人的意识形态决定的，是个体内在的情绪感应，表现出来喜欢的倾向是承接个体思想的外化表现，在哲学领域内是抽象与具体的结合。情绪的产生是建立在人的知识结构之上的，是指人头脑中的固有潜意识对商品的情绪反应。所以设计的原则越发倾向于人的主观体验，针对现存市场上人文关怀缺失的设计进行变革。日用陶瓷强大的市场潜力，包装行业也有着巨大的发展空间，需要从关注人文情怀出发，作为设计起点。

对于高档陶瓷产品的包装也是消费者的热门选择。于是产生了一种为了形式而进行设计，设计一味地追求表面华丽，却没有真正符合商品的固有属性。比如在包装上采用昂贵的材质来提高商品的价位，加之消费者的攀比心理，认为一分价钱一分货，曲解了产品的性能，误解了包装只是表面设计，造成一种华而不实的视觉假象，华丽包装之下却是与之不相称的陶瓷产品，引发消费者的消费反思，没有真正意义上满足消费者的情绪消费需求，反而起到了反作用。

综上所述，消费者的情绪消费带动包装形式的变革。陶瓷产品的外观形象标志着企业文化的品牌意识及人文反映。

（二）文化因素——文化糅合，更新传承与设计创新

文化伴随着人类社会的产生而产生，是人类文明的见证者、发起者，涵盖人类的日常活动。首先商品的生产制作者是人，消费的群体对象还是人，商品的生产过程、加工过程、消费过程的主导都是人的相互作用，商品有着浓厚的人文色彩。

设计师在充分研究人的心理特征前提下进行的设计创作都是为了传承传统文化的。对于传统文化的传播，陶瓷文化有着自己的特色。陶瓷产品本身就是对传统冶陶工艺的传承，设计者应在传统的设计基础上结合当下的设计趋势进行创新设计。但是传统元素的杂乱、色彩的艳俗等现象仍旧充斥着整个市场，这从侧面反映了国人对美的鉴赏力不足，审美观念老旧。造成这种现象的根源是包装设计与文化承接之间的关系出现了断层，修葺这种断层的方法则是提高设计水平。就陶瓷而言，只有丰富包装设计的设计风格，才能更合理结合陶瓷文化，传播传统。

陶瓷的包装设计在融合传统的前提下又在演绎着新兴文化的发展，必须要结合当前消费者的消费喜好来确定设计趋向，合理融合新文化与旧有传统文化。无论是文化的承接创新还是设计的理念更新，这些都是陶瓷包装设计需要变革的主要因素。只有糅合文化与设计，才能使陶瓷包装得到发展。

（三）科技因素——工艺技术，发展以人性化设计为主的包装潮流

现代设计在人性化方面体现越来越明显，从两个方面分析由此产生的影响。

1.新科技在设计中的具体应用

从传统的包装形式我们可以了解到，最初的陶瓷包装只是简易的捆扎、草甸式的包装形态，由包装纸盒等传统包装形式发展到木盒、锦盒、竹盒或者棉麻布袋的形式。陶瓷包装也是在不断探索中寻求发展的，每一种形式的包装都是对当下科技发展的一种印证。随着科技的发展，一些新型包装材料的出现丰富了包装形式，例如包装膜、聚乙烯泡沫板、EPE珍珠棉等新技术的使用，在安全性能上做了进一步的提升。所以，包装设计中新兴材料的研发首先必须为包装提供保障，无论是设计保障还是功能保障；其次是新材料不能影响设计的二次使用。

2.以绿色生活方式为导向的设计理念

新材料的二次使用涉及绿色设计、环保设计理念。对于产品包装而言，外包装的材质选取很重要。很多小商户对小产品的包装直接运用宣纸、塑料袋或者聚苯乙烯等高等发泡材质包装，造成了“白色污染”。这种包装形式不仅没有在美观上丰富包装设计，也没有在环境保护的角度进行可持续性设计，那么这些材质的回收利用并再次生产是当今设计师们设计的方向，也是倡导绿色设计相应环境保护的设计行为。

二、以地域文化展现为基础的设计理念，塑造陶瓷品牌意识

景德镇的有着历史悠久的地域文化，首当其冲的就是陶瓷文化、建筑文化，并在此基础上衍生出影响其他文化发展的文化。景德镇人们长期以来都是以发展陶瓷产业作为谋生的手段，陶瓷文化已经深深植根在景德镇人们的观念里，对当地特有的地域文化更是推崇备至。面对着激烈的市场竞争，对地域文化在陶瓷中的应用做到更确切的融合就越能丰富陶瓷文化内涵。其中，陶瓷包装就是一个不容忽视的方面，对树立新的设计理念、塑造品牌意识有着至关重要的作用。

文化的地域性不仅体现在冶窑的民间传说中，而且也体现在制作工艺的流程中，具体表现在陶瓷包装之上的则是各式各样的外观设计，是附着在各种产品之上的。而产品的器型各异、款式琳琅满目、装饰风格多变承接了深厚的中国传统文化与工艺，对中国的社会主义市场经济贡献了一份力量。针对陶瓷的特殊属性，陶瓷包装是附着在深厚的陶瓷文化内涵之中的，包装的设计形式、材

质选取以及蕴含的文化因素都是跟陶瓷产品相一体而言的。就目前而言，包装形式更是一个品牌的代言人与文化的宣传者，且二者不可分离，所以在陶瓷包装设计中必须结合当地特有的地域文化进行创作设计。仅仅从包装的表面功能去进行设计的包装不能成为市场的主流，其效果只能是昙花一现。只有赋予其特殊的文化内涵，才能更好地宣传产品的功能属性与文化属性，融合当地的地域文化，发展博大精深的陶瓷文化。

三、景德镇日用陶瓷包装的再设计理念

随着生活水平的提高，人们逐渐对含有装饰性的艺术瓷产生了浓厚的兴趣，一些高档的消费瓷逐渐被大众接受。但是这一丰富人们家居生活、提高人们审美情操的艺术品的市场却没有得到最大限度的发展。产生这一问题的根源是商品没有结合具体的市场需求，没有从小节点做到深入市场，而是与消费需求出现了断层。高档陶瓷主要针对小部分消费群体，中低档陶瓷又引发了杂乱无章的市场现状，阻碍了陶瓷产品的包装发展。

“再设计”一词近来被运用到各个领域之内，从字面可以理解为是在原有设计的基础之上进行的设计再创造，不是完全抛离现有的传统设计形式，而是必须依赖现有的设计规范进行重新设计。“再设计“观念的提出顺应了时代发展的需要，符合消费者的审美趋向，是紧跟设计潮流的一种设计行为。“再设计”更多的则是针对设计师的考量，不能单纯地为了跟随潮流而忽视企业文化、产品特有的功能特性或者市场要素，真正切合产品的设计才是如今设计师“再设计”的方向。

如今，“再设计”理念同样也对包装设计提出了新的设计要求，对陶瓷包装的要求从功能到外观都有了新的诠释。包装不仅仅是包装设计的自我完善，更是整个陶瓷企业发展的自我完善。德华·凡尼森在《绿色包装设计》中主要谈及的思想论点就是包装的环保问题，为了外包装的二次利用，材质的选取尽量符合可持续发展的设计理念，进行再设计，从而达到节约能源保护环境的作用。①

斯黛茜·金·高登在她的《包装再设计》一书中提到，根据产品的属性以及公司的企业文化进行设计的再设计，或者针对一些高端客户的量身定做，就要完全打破原有的设计模式，赋予新的设计又或者在原有设计的基础上进行大改动，重新设计包装。在原有设计基础上的变动，是对已有的设计不良的地方进行修缮，去掉其中不好的设计形式或者包装形式，使最后设计出来的产品符合

---

① 参见郑霞：《对于绿色包装设计的造型思考》，《工业设计》2008年第4期。

消费者对新设计的要求。陶瓷包装“再设计”有两层含义：首先，为了提高企业的品牌形象意识，针对包装混杂的现象对原有包装进行改进，创造新的设计形象；其次，对新材料新工艺的选取认知，探讨设计不足的根源问题，找出问题的根源性因素，从根本上解决问题。对传统元素的提取、归纳、简化做到合理的设计分析，不仅能抽取精华部分进行设计创作，用以迎合消费者的消费需求，也能够用以引导提升消费者的消费观念，提高对设计产品的欣赏水平。

（一）文字的应用

文字记载着商品的属性，传递着公司的企业文化等基本信息，在包装中具有传达的信息的作用。在包装设计中涉及的文字信息大概有以下几种：产品的企业名称、产品的功能介绍以及注意事项等一些文字记录。作为信息传达的媒介，文字拉近了商品与消费者之间的距离，成为它们之间的一个沟通者，有着非同一般的重要意义，主要表现在两个方面：首先是文字最基本的传达功能，其次是文字作为设计的基本元素之一。文字不仅仅是宣传的一种手法还是装饰包装必不可少的有效素材。文字的排版设计可以丰富画面，装饰版面效果。从文字的记载信息可以看出，包装中文字可以分为三种类型：其一，是文字商标的设计；其二，文字对产品的介绍说明等字体的编排设计；其三，文字的装饰性，作为设计基本创作元素，可以进行各种风格的设计，单独完成装饰效果。

（二）色彩的应用

在设计心理学领域，人对色彩的敏感度是最灵敏的，人的眼睛对色感的捕捉在感官中用时最短，仅仅 20 秒的时间色彩就能反映在人的大脑皮层，反馈给相应的中枢神经，在生活中我们被形形色色的事物充斥着，组成这些事物的颜色更是丰富多彩，没有办法用数量来衡量。大自然中千奇百怪的色彩会间接影响人的生理情绪，刺激人的情感体验。在陶瓷包装设计中，对于色彩的提取，首要目的是博取眼球，吸引消费者的关注。

日用陶瓷的包装设计对于色彩的应用更为驾轻就熟，将釉料的颜色魅力表现得淋漓尽致。所以无论是以文字色彩为主，还是以图形图案色彩为主，又或者是图底色调怎么选取，都是设计需要考虑的问题。处理好图形、文字与色彩的关系，更好地协调各个元素之间的合理性才能做到画面的最终统一，形成消费者喜爱的设计作品，进而引导消费。

景德镇的日用陶瓷包装采用的还是比较传统的色彩搭配，画面以单色调为主，配合传统的纹样作为暗花，主要用红色或者黄色来彰显陶瓷的喜庆与贵气。由于景德镇比较流行釉里红与青花蓝，加之瓷器自古以来的贵气，使得以红色、黄色、蓝白为主色调的锦盒包装形式比较常见，这也成为一些企业约定成俗的陶瓷包装设计，形成了固着的思维模式，导致包装色彩的单一，造就了很多色彩没有应用在包装上。目前，一些新的包装风格正在以小范围的形式出现，比如等于堂的包装设计，就是采取的黑色包装纸盒的形式进行的，配合以简单的文字标志，进行了大胆的尝试。这也是解决景德镇目前包装存在包装形式单一、色彩运用枯燥等问题的有效尝试，对改善消费者的审美疲劳、增添色彩活力、解决景德镇陶瓷包装上视觉混乱的现象有很好的作用。

四、景德镇日用陶瓷包装再设计的价值外延

现下的包装设计对于产品而言，起到的作用越来越重要，作为历史悠久的陶瓷文化而言，包装的意义不仅仅是对产品进行一种保护设计更是要彰显陶瓷的文化魅力。包装是企业文化内涵重要的外部传播者，它需要很强大的文化背景做铺垫，还需要独特的品牌设计理念进行支撑。所以，包装的外延设计尤为重要，提高包装的二次设计能力成为衡量一个包装好坏的标准。

（一）日用陶瓷包装再设计对文化创意产业的启示

包装的作用除了保护产品功能以外，还是丰富企业文化内涵的媒介。比如想要宣传公司的品牌文化，就在标志上面多做文章，把品牌概念以无形的方式植入给消费者；想要突出产品的性能则需要在图形图案的应用处理上进行变化，以及不按常规设定进行产品的造型设计就能吸引一些标新立异的消费群体。在文字方面，可以采用大小对比、疏密对比、加粗减细等一系列设计方式来整合画面的排版设计，丰富画面效果，使包装风格生动活泼。

对于拥有深厚文化底蕴的陶瓷产品而言，包装设计必须要具备很好的视觉效果，博取消费者眼球，才能使陶瓷作为艺术品为广大消费者所接受。陶瓷产品的设计不仅要符合时代的发展要求，包装设计更是要紧随时代的步伐，紧跟设计的风向。由于陶瓷产品的特殊属性，在物流运输中属于易碎产品，所以对包装的首要要求就是要保护产品的安全性能，其次就是要设计符合大众审美的作品。企业还可以根据企业文化的发展创造副业，比如企业吉祥物的设计，它是附着在企业文化思想之上的设计，即可以体现企业文化还可以进行销售元素的附加创意，增加公司的创意收入，提高经济价值。

（二）日用陶瓷产品包装的再设计对企业品牌价值的影响

如今企业越来越重视产品的包装工程，因为产品的包装形象是直接影响企业品牌效应的，是消费者对产品更为直接的感官接触。包装在陶瓷产品外观中同样具有价值，它影响着产品在市场中的具体定位。一个好的包装设计产品可以一眼就打中消费者的某个消费情结，进而刺激消费行为的发生；相反，如果产品的包装设计不能反映产品的性能，两者不能完美的融合，那么对于产品的品牌形成是没有实际性意义的。在品牌效应中包装价值的体现主要表现在以下

两个方面。

首先，对于材质的选取、图形图案的应用、设计手法以及视觉符号的应用等是包装设计的基本准备工作。根据企业理念、产品的性能，确定基本的包装内涵和外在式样，围绕一个贴合其内涵的创意点进行发散思维，用新观点的设计应用来表达企业的品牌效力。由于陶瓷产品的传统性和历史原因，决定了包装设计元素的选取多以传统纹样为主，设计师在进行素材提炼时，不能在照搬照用，而是要进行一定的分析、提炼、简化，使其作为设计素材时在整个包装作品中的视觉效果符合现代设计的风格。只有这样，才能设计出广为大众喜爱的包装产品。在艺术创作的具体手法上，主张张扬产品的艺术性，设计符合具体产品气质的包装形式，整合一种独特的产品品牌效应，以刺激产品的销售，形成品牌销售路线。

其次，在进行包装设计时要注意包装适中的原则。所谓的包装适中，是指包装材质选取、包装设计素材选取、包装造型的结构设计等环节的适中。在材质方面，一个包装作品中不能运用过多不同肌理，因为过多烦琐的肌理表现会造成复杂烦琐的视觉效果。对于元素的选取更是需要仔细考究风格的搭配，传统与现代的装饰素材要合理得当，不能既存在传统素材又存在现代素材，造成画面的混乱，元素的杂乱，形成鱼龙混杂的视觉画面效果，所以对素材的管理更要遵循适中的原则。工艺的运用同样适应此原则，不能在一件作品中同时看到多种工艺技法的存在，这样会形成视觉疲劳，美观上面没有主次之分，达不到一个引领消费者的作用，反而扰乱消费者对作品的鉴赏。例如，有的包装工艺采用了竹制品的包装形式，又在竹制品包装上采用了镂空的表现手法，接着又运用了中国传统绘画手法在表面进行了图形描绘，最后在用纸袋进行包裹，这种包装形态无疑是一种过度包装的包装行为。解决方法是可以适当地减少一种或者两种工艺手法的使用，简洁包装设计，突出产品与企业品牌力。烦琐的包装只会带来资源的浪费和消费者审美的疲劳，从而降低商品的销售量。目前，仍有大量的优秀地方特色的产品存在这种包装问题，解决这个问题最根本的方法是分析问题产生的根源。设计师在设计时应该设身处地地去分析商品的市场价值与商品属性的配合度，不仅要做到物美价廉，还要留给消费者一种物超所值的感觉。对此有很大帮助力的则是品牌效应。企业的品牌路线可以帮助产品在消费者的消费心理上形成思维定式，在没体验产品之前就要知道这件商品具有好的市场反应或者口碑，只有不断尝试产品的更新换代，才能保留大部分消费群体，无形之中就能提高产业的竞争力和产品的市场生存力。

五、包装设计与现代商业模式接轨，提升品牌效应

从一个品牌形成与发展的历程可以看出，每一个品牌的塑造首先要有相应的文化背景作为铺垫，以及一整套完整视觉形象设计填充企业文化，提高企业的文化附加值，打造品牌效应，接轨现代商业模式。

（一）电商贸易与完善物流发展体系对包装的促进发展

随着电子商务的发展，电商物流的兴起，对陶瓷包装的物流发展提出了更高的要求，不仅仅是物流包装结构的坚固性、可拆卸的便利性、材质的环保性等方面做了更为全面的要求。电商物流是一个系统的工作流程，从包装外观到配货发货等都是一个流水线性质的相互行为，具有电商物流的行业规范及标准，这就需要一个完整的人员链条来形成发展规模。随着科技的进步，新兴材料的出现比如物流周转箱、充气袋或者压缩袋等，进一步完善了产品的安全性能，减少了产品的破损率，用特殊语言标注的易碎产品标注，也在一定程度上保护了产品的安全性。在传统意义上，实体店铺的消费没有引起电子商务的发展，而是随着电商发展成为主流的时代，物流配送业才如火如荼的发展起来。

（二）电商包装设计的识别与品牌塑造

电子商务外包装的主要功能是确保产品的安全性，这里的外包装不是意义上理解的产品的外包装，而是针对运输过程中在不损害商品及商品外包装前提下，为了便于运输而采用的包装形式。陶瓷通常是使用木架的形式或者硬质纸盒的形式进行运输的。物流电商的发展首先也是要确定品牌意识，商务发展的口号要准确清晰地传达给消费者。比如顺丰快递给消费者的许诺是最短的时间效应，以运输时间快为主，这样会形成相应的品牌效应。又或者采用以宣扬安全性为主、便利性为主的营销手段的前提条件是塑造品牌形象。

第七章　设计作品解析

文化自信是地域文化的发展源泉和动力，理解并认同本土文化的内涵与价值，是文化创造性在社会实践过程中的具体表现；各地都在积极挖掘区域文化资源，并将无形文化物态化并运用在各个领域，如大到城市规划布局，中到城市建筑设计及主题区域打造，小到城市垃圾桶、户外灯具、公共家具、旅游纪念品及包装设计等，以此来塑造各城市独特的区域形象、打造城市名片、提升城市发展软实力。

弘扬并创造性发展区域文化的重要方式之一就是将文化融合到具象的产品设计中，赋予产品文化内涵，通过打造特色型产品实现文化的活态承继，是对文化有效地传承与创新性运用。本章将展示江西区域文化在现代设计中的具体运用，并从设计理念、设计方法、文化基因的提炼运用原则、产品展示等多维度解析无形文化与产品的融合共生。

2014～2019 年，笔者以《江西苏区公共户外家具环境协调性设计研究》和《江西城市公共设施产品地域文化特性研究》两个课题研究为基础，针对江西区域文化展开调查、研究，取得了较为丰富的研究成果，包括学术论文、作品、竞赛获奖作品和相关子课题，在此仅展示部分作品成果。

第一节 红色文化与城市环境设施产品设计

一、井冈山:律动的红旗椅

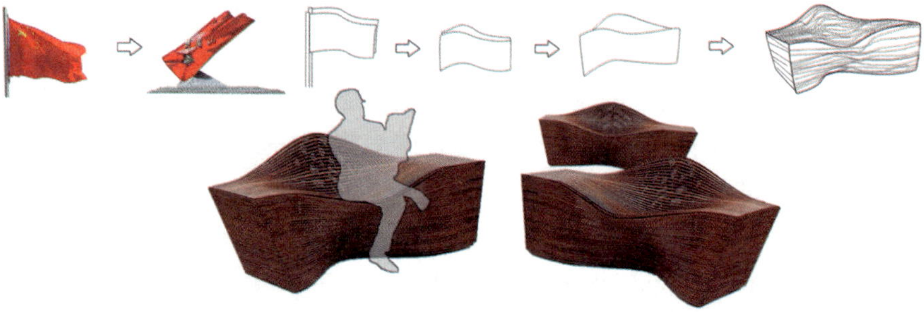

图 7-1 律动的红旗椅

图 7-1《律动的红旗椅》是一件以飘动着的旗帜为设计原型的座具。2016 年在井冈山调研中,笔者发现山脚下的红旗雕塑拥有生动的造型,并透射出刚毅的革命精神,故以红旗的外轮廓符号为原型,提炼出红旗随风飘扬的动态特征;在符号学图形设计理论指导下对原型符号元素进行前期处理,即对图形的拉伸、旋转、变形、立体化等处理,在此基础上结合现代审美要求进行细节润色,最终塑造出空灵并富有律动美感的地域特色家具。

红旗椅在风中律动的曲线正映照着革命先烈们坚韧的精神气节,以及现代人对美好生活的向往,具有浓郁的红色文化韵味。

二、南昌市八一广场户外家具设计

色彩自古是最具表现张力的视觉符号,它对人的感官有着非常直接的影响,并且能够激发人的各种想象和情感。

绿色是军用服饰的专用色彩,代表着和平与朝气蓬勃的生命力,并且已逐渐成为人们心目中正义的化身。红色和军绿色的典型色彩搭配俨然成为红色文化的符号和标志,若将此色彩组合规律作为一种显性设计语言巧妙的运用在产品设计中,将呈现出更加传神的视觉效果。图 7-2 的户外座具使用不锈钢和防腐木材质;底座保留了原木色,座身以绿色为主、端部结合红旗飘动的造型并加以镂空的红色五角星进行点缀；绿色、红色、原木色的搭配使该座具既有绿色属性又饱含红色文化意味。

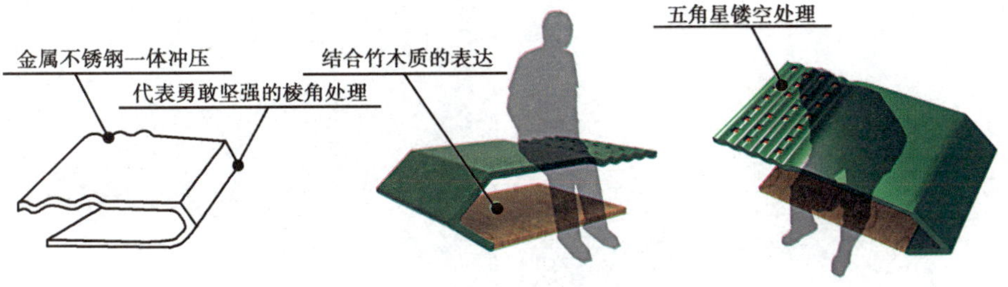

图 7-2　八一广场·公共座具设计图

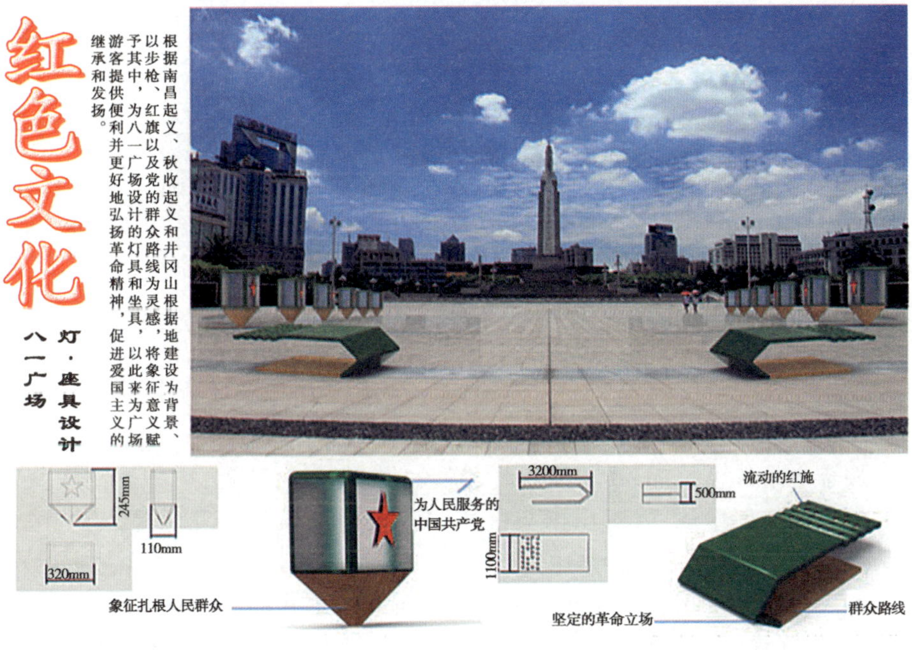

图 7-3　八一广场灯·座具设计图

此系列产品还包括广场落地灯的设计（见图 7-3），同时考虑到对红色文化的承继应始终坚持整体性保护原则，不能将它从其赖以生存的地域环境和时代背景剥离出来。如图 7-4 所示，将该系列户外产品放至江西红色文化的原生环境（南昌八一广场）中去，既能完美地展示文化类工业产品形象，又坚持了整体性原则，使户外家具的红色形象与八一广场的环境氛围相得益彰，具有极高的环境协调性。

图 7-4　八一广场公共户外家具的设计及场景展示

三、瑞金市环境设施产品设计

瑞金市是红色故都、共和国摇篮、苏区时期党中央驻地、中华苏维埃共和国临时中央政府诞生地、云石山中央红军二万五千里长征出发地等，是全国爱国主义和革命传统教育基地，是中国红色旅游城市。

2015 年笔者在瑞金市调研发现，当地的环境设施产品并没有体现出红色文化特点，设计感差且缺乏地域特色。于是，设计师针对瑞金城市及各景点研发了一系列能提升城市形象、增加居民文化自信、提供优质服务的城市环境设施产品。

1. 革命烈士纪念馆路标设计——纪念碑记忆

该路标(见图 7-5)的设计元素是从瑞金中央革命根据地历史博物馆纪念碑提取而来的，造型简洁大方，没有任何曲线存在，寓意革命先烈英勇无比，好似一把尖刀直插敌人胸口，让到瑞金感受红色文化的游客产生强烈的情感共鸣。路标上镶嵌着代表党和各族人民的五颗红星，让人不禁产生肃穆之感。该路标采用纯白色的大理石制作而成，严肃而又刚毅，与革命烈士纪念馆的文化氛围相吻合。

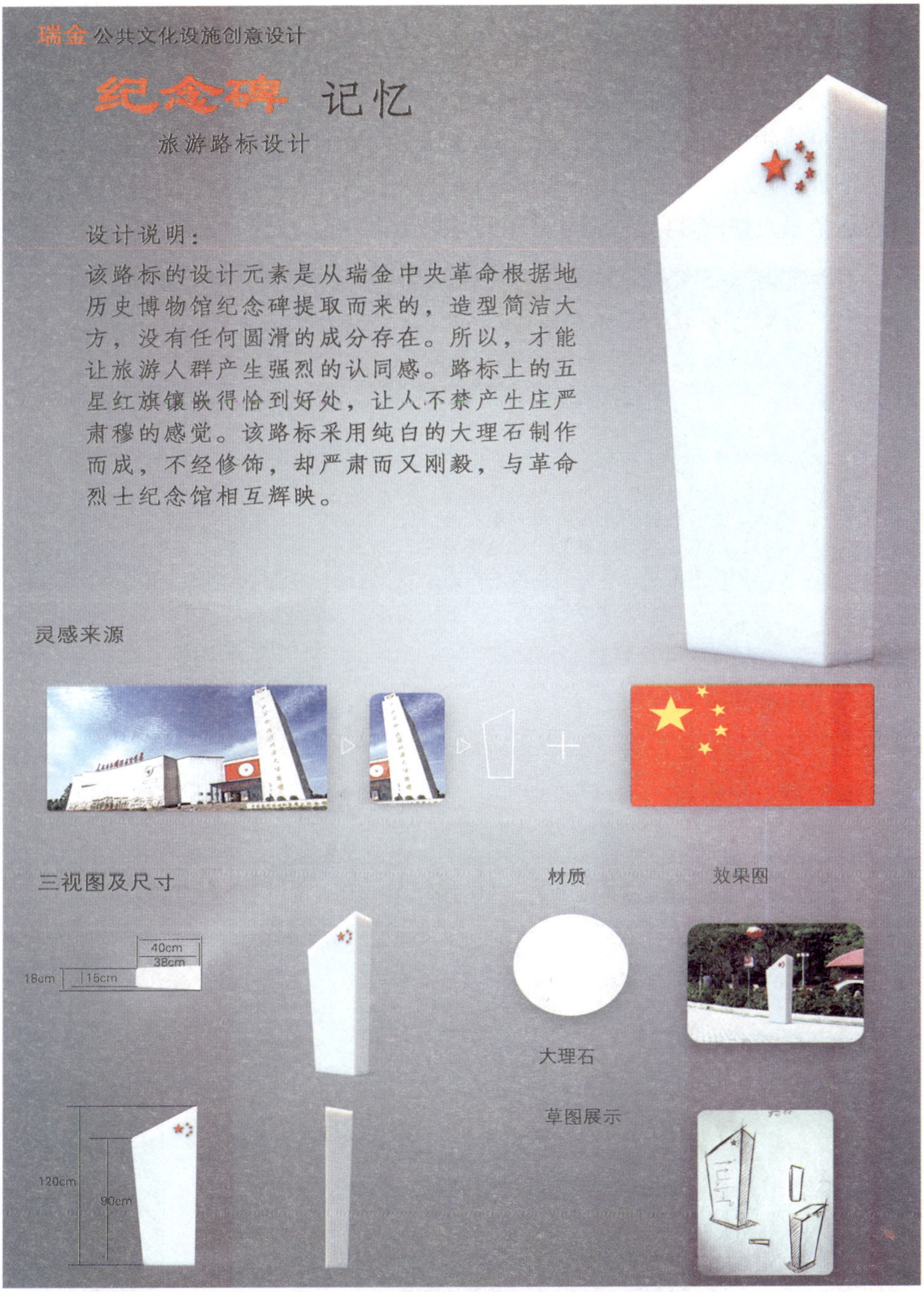

图 7-5　革命烈士纪念馆路标设计

2. 瑞金市景区灯具设计

(1)景区景观灯设计——纪念碑记忆

该户外灯具(见图 7-6)的设计灵感源自红色传统文化,以瑞金塔下寺中央革命根据地历史博物馆的纪念碑为原型,将其旋转 180 度抽象、提炼而成。中间则以中华苏维埃旧址建筑外观为原型设计而成,很好地迎合了红色旅游景点肃穆的氛围,适合在红色旅游景点摆放,灯光从纪念碑中间漫射出去,给人以无穷的想象。

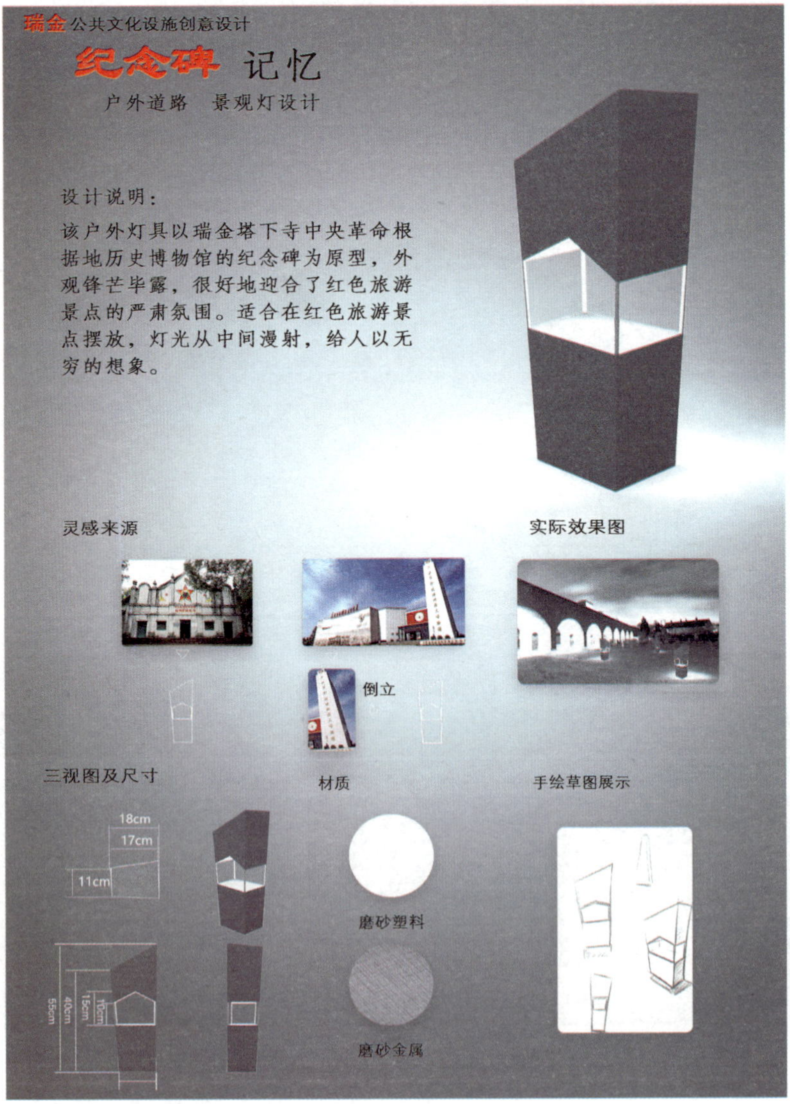

图 7-6 景区景观灯设计——纪念碑记忆

(2)景区路灯设计——围墙记忆

此款路灯(见图 7-7)是以瑞金市 20 世纪八九十年代的民居建筑围墙局部为原型淬炼而成的,是传统文化与现代设计契合的结晶。产品运用了双照明系统,顶灯为面光源,起漫反射作用,可将光线充分扩散;低灯则为聚光灯,直接照射路面,让路人在黑夜里亦能感受到温暖和安全。

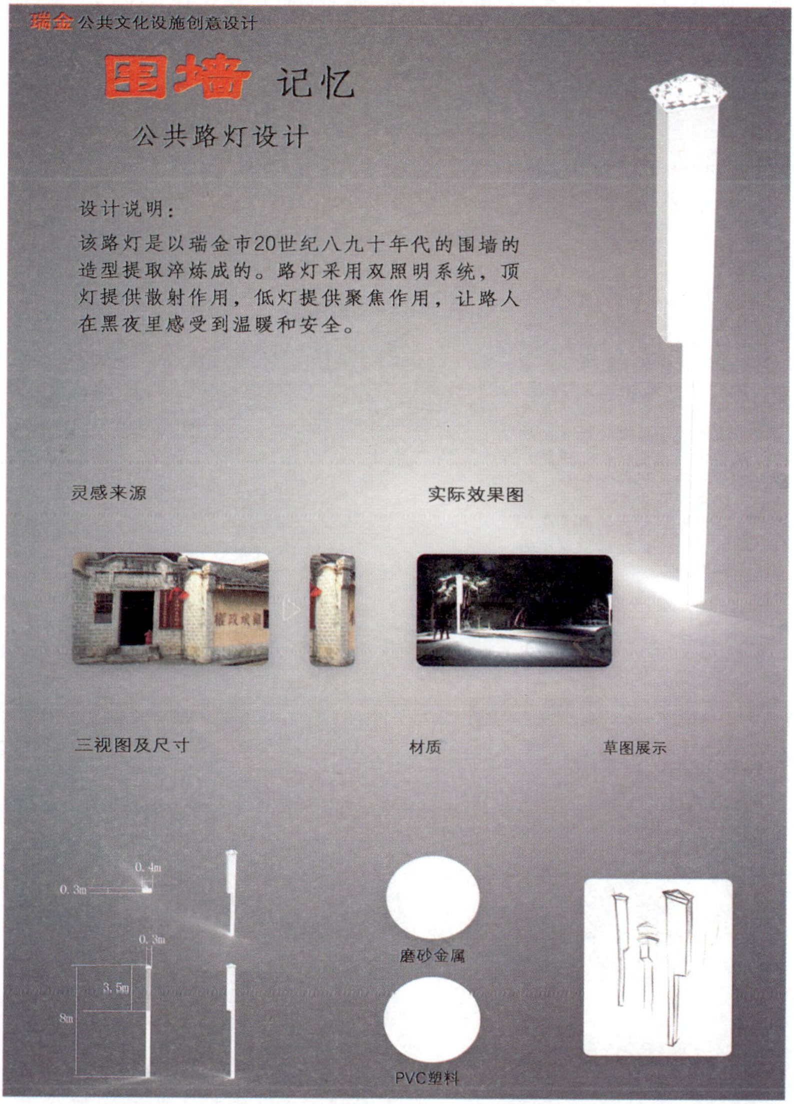

图 7-7 景区路灯设计——围墙记忆

3. 瑞金市公共座具设计——红井记忆

“吃水不忘挖井人，时刻想念毛主席”是瑞金人熟知的一句话。该座具(见图 7-8)就是以瑞金家喻户晓的“红井”为原型，座椅外围尺寸及内径尺寸均与“红井”尺寸一致，并在座椅内径范围内增加了儿童休息、娱乐区域，即小型沙场以供儿童玩耍。该座具可以放置在瑞金红都广场、“红井”或其他旅游景点，作为城市和景区内的公共设施使用，在宣传瑞金的红色文化的同时，也让人们切身感受曾经的光辉岁月。

图 7-8 瑞金市公共座具设计——红井记忆

4.瑞金市景区导视牌设计——围墙记忆

该导视牌(见图 7-9)是以瑞金市八九十年代的民居建筑围墙为原型淬炼而成的。该导视牌以庄严肃穆的白色大理石为原材料,造型既有对传统文化的传承,也有现代简约设计的风范。

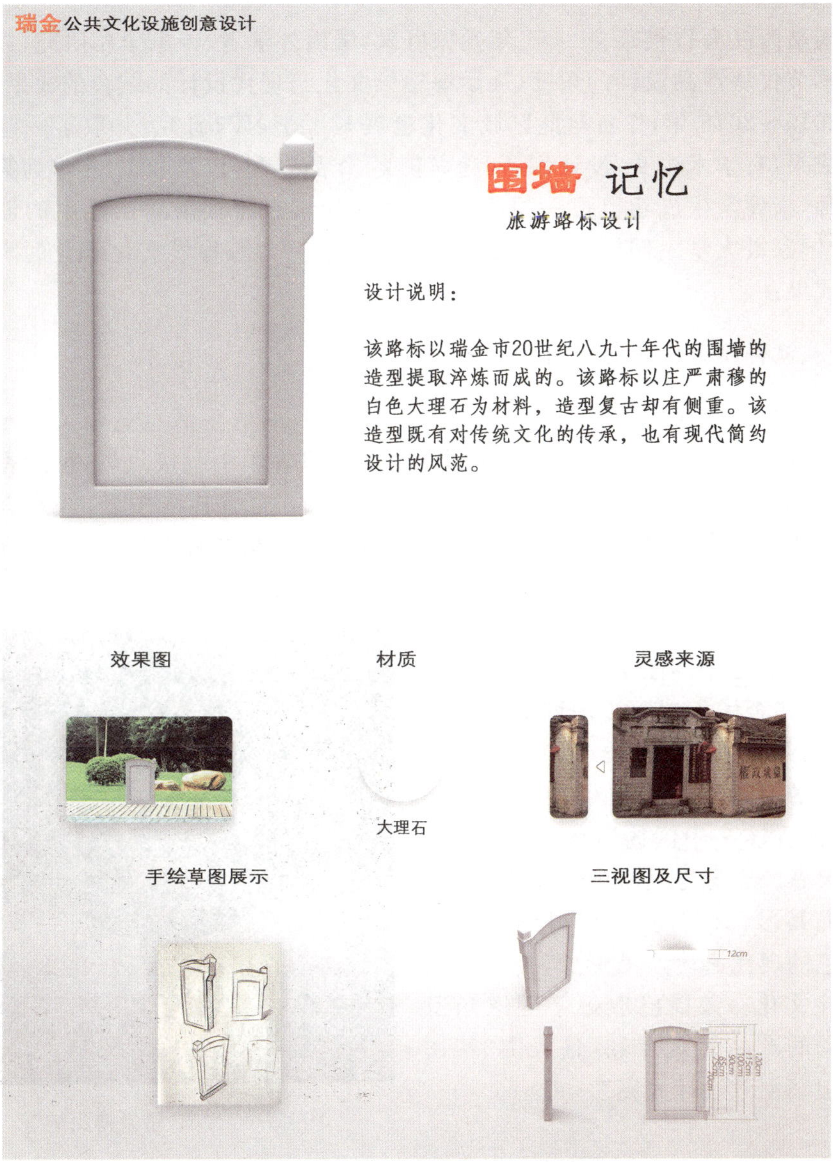

图 7-9　瑞金市景区导视牌设计

第二节　海昏侯文化与家居产品设计

南昌西汉海昏侯墓自2011年发掘以来，国内外学者、专家争相研究，成果丰硕。本节仅从产品设计的角度，展示海昏侯文化与现代设计的结合的成果。

2015～2018年，作者对此区域文化也展开了学习与研究，并取了一些相关研究成果，有学术论文、设计作品、竞赛获奖、作品专利，以及2017年作为第一指导老师，指导学生成功申报一项题为《海昏侯元素在现代家居产品中的创新运用》的国家级大学生创新创业训练项目。以下案例为海昏侯文化研究的阶段性研究成果：

一、海昏侯博山炉元素椅

博山炉出现在西汉时期，用于燃放香料，与人们的生活息息相关。西汉之前，人们使用茅香，即将薰香草或蕙草放置在豆式香炉中直接点燃，虽然香气馥郁，但烟火气很大。武帝时，南海地区的龙脑香、苏合香传入中土，并将香料制成香球或香饼，下置炭火，用炭火的高温将这些树脂类的香料徐徐燃起，香味浓厚，烟火气又不大，因此出现了形态各异、巧夺天工的博山炉。

两汉时期，博山炉已盛行于宫廷和贵族的生活之中。图7-10为海昏侯墓出土的“错金博山炉”，该炉壁上山峦起伏，用精湛的工艺刻画出了博山这座海上仙山的山间美景。

“海昏侯 · 中国椅”（图7-11）作品设计灵感源于海昏侯博山炉文物（图7-10），简其形、取其韵，以期得到具有文化特色的现代家居产品形象，传承和弘扬民族文化。该椅已取得了国家知识产权局的产品外观专利，且入围“2018中国包装创意设计大赛”。

图7-10　文物“错金博山炉”

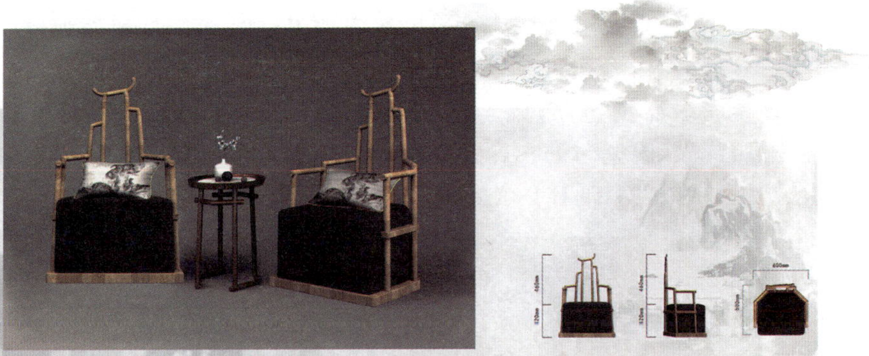

海昏侯·中国椅

图 7-11 海昏侯·中国椅

二、海昏侯陶壶元素椅和置物架

海昏侯墓出土的陶壶属于白陶，通体洁白如玉，细腻温润，表面为网状印花纹，异常精美。这件白陶壶（图7-12）是陶器中的精品，一般只有王公贵族才能够享用。该白陶壶器型至简，属于最常见的双耳壶，直口略向外撇，肩部有双耳，可栓提绳，深腹，腹壁向下收。两个支起的小耳朵，平贴在双肩，可谓画龙点睛之笔。陶壶纹饰至简，通体以拍印条纹为主，古朴中透着高贵。

图7-12　南昌海昏侯墓出土文物“白陶壶”

海昏侯陶壶元素椅（图7-13）和陶壶元素置物架（图7-14），遵循白陶壶“至简”的设计理念。首先，造型至简，如椅子扶手与靠背一体化设计，尽量减少不必要的构件；置物架和椅子均沿用双耳壶直口略向外撇的经典造型（从置物架俯视图和椅子左视图可看出直口略向外撇的经典造型），简约大气。其次，装饰至简，如这两件家具均采用明式圈椅中经典的圆料制作而成，除了木材本身纹理，再无任何装饰痕迹，原木色易给人天然的亲和力。这两件作品均已申请并取得国家知识产权局的产品外观专利。

图 7-13 海昏侯陶壶元素扶手椅
（从左到右为白陶壶、扶手椅效果图、左视和主视图）

图 7-14 海昏侯陶壶元素置物架
（从左到右依次为白陶壶、置物架俯视图和效果图）

三、海昏侯创意书签

海昏侯墓椁室结构为西汉标准的列侯葬制的东寝西堂“两居室”结构，在主椁室东寝靠近主棺南面的位置发掘出了多扇屏风，纹饰丰富，制作精美华丽，其中一扇屏风上绘有青龙、白虎、朱雀、玄武的“四神”图案。汉代受“羽化升仙”思想的影响，家具及其他工艺美术品喜用“祥瑞”图形装饰，墓中的“四神”图案就是一种典型的神话主题纹样；除了具象的祥瑞纹，几何纹饰在汉代的运用也十分广泛。比如，汉代还偏好采用“神化”“浪漫”思想意境相吻合的“云气纹”。

“四神”为想象动物纹样，形象偏繁复并带有神秘感，为了吻合现代的审美需求，将“四神”形象与虎、蛇等动物形象与现代动漫形象结合，实现传统纹样简单化、程式化再设计；对“云气纹”的处理则是运用现代图形设计思路和技巧，对其提炼、分解、变形和重构处理，终与“四神”纹饰相结合，并运用到现代家居产品研发中，设计出了“四神”书签、笔袋、书皮和文件袋等系列产品（如图 7-15、图 7-16、图 7-17、图 7-18、图 7-19），让无形文化融入有形的产品中，有利于文化的传承和产品的创新。

如四神立体书签（如图 7-15、图 7-16），签身运用汉代特有的“茱萸尾云气纹”元素，简化再设计后搭配黄、蓝、紫、玫红色，时尚大方又有文化底蕴。签头的设计理念是将“青龙、白虎、朱雀、玄武”传统形象与现代动物、动漫形象相结合，并运用立体结构（如图 7-16），使四神形象跃然纸上、生动有趣。

图 7-15　海昏侯四神系列之立体书签

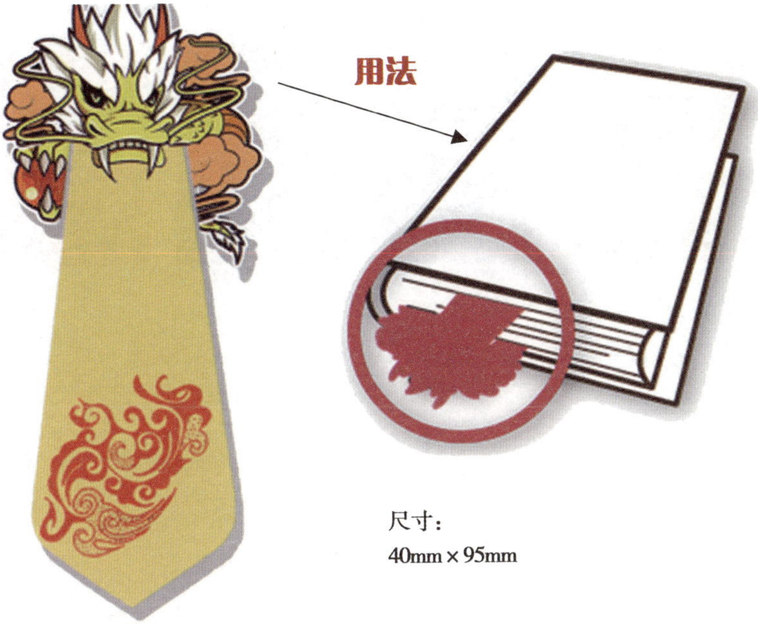

图 7-16 海昏侯四神系列之立体书签结构、使用示意图

图 7-17 海昏侯四神系列之笔袋

图 7-18 海昏侯四神系列之书皮

图 7-19 海昏侯四神系列之包文件袋

第三节 江西莲文化与家具设计

江西省抚州市的广昌县和赣州市的石城县，都因盛产白莲而被誉为“中国白莲之乡”。不仅盛产高品质的通心白莲，地方政府还将“莲文化”打造成为当地的城市名片，如石城县的大畲村旅游点，属于4A级乡村旅游点，主要由古民居群、古戏台、荷花物种园、莲花观赏园、莲文化馆等组成。极具特色的大畲荷花园种植面积达500亩，集中展现了“中国白莲之乡”的靓丽风景。

莲是一种实用价值很高的植物，全株皆可利用。《本草纲目》记载：“医家取为服食，百病可却。”莲的每一个部位皆有其特殊功能，以降火气、清心、止血、祛湿气、散瘀为重要效能。在夏季，莲花等莲科植物是一种有效的驱蚊剂，同时还能杀灭蚊子的幼虫。

除实用价值外，莲还有更重要的文化象征作用，它是最常见的用来作为宗教和哲学象征的植物。在中国传统文化中，莲被崇为“花君子”，《群芳谱》中就说：“凡物先华而后实，独此华实齐生。百节疏通，万窍玲珑，亭亭物华，出淤泥而不染，花中之君子也。”后亦有周敦颐的《爱莲说》，影响深远。

从埃及到印度的众多世界伟大文明也都把莲花视为神圣的象征，并将其广泛的融入它们自己的艺术和建筑之中。

基于《江西城市公共设施产品地域文化特性研究》课题的研究，2017～2018年，笔者前往石城县和广昌县调研学习莲文化，将莲的各部位（莲花、莲子、莲藕、荷叶）的形态、结构、颜色、质感提炼出来，并将其与人类生活朝夕相处的家具产品设计相结合，研发出了一套名为“莲清如水”的室内家具产品（图7-20、图7-21、图7-22），包括莲花纹饰椅、荷叶几和“藕遇”书架。此系列产品已获得国家知识产权局的产品外观专利授权，同时也获得了“2018中国包装创意设计大赛全国入围奖”。2018年5月，笔者作为第一指导教师，指导学生成功申报一项题为《地域文化在工业产品中的多元化呈现研究——以广昌“莲”为例》国家级创新创业训练项目。

“荷叶几”以荷叶为原型，运用仿生设计手法，将荷叶本身的形态、荷叶之间的组合形式元素与家具尺寸和功能进行整合，并用现代材料置换传统实木材质，尝试将传统外观与高科技内核的结合，使地域文化元素与现代材质完美交融。“藕遇”书架则选取莲的根茎——藕作为创作原型，将藕节的外观形态特点和内部结构特点提炼，并结合书架纵向尺寸和构图要求，将藕节内部结构通过书架层板构图设计巧妙体现出来。莲花纹饰椅则运用了莲植物的茎蔓、花朵、果实等部分的有机线条，运用现代图形设计理念和方法，建构出适用于椅背装饰的“莲”主题纹饰，并运用透雕手法，使木质椅背更通透和轻巧。莲清如水系列家具，有利于营造清新、禅意的中国意境美，实现传统家具的多元化创新发展与生产。

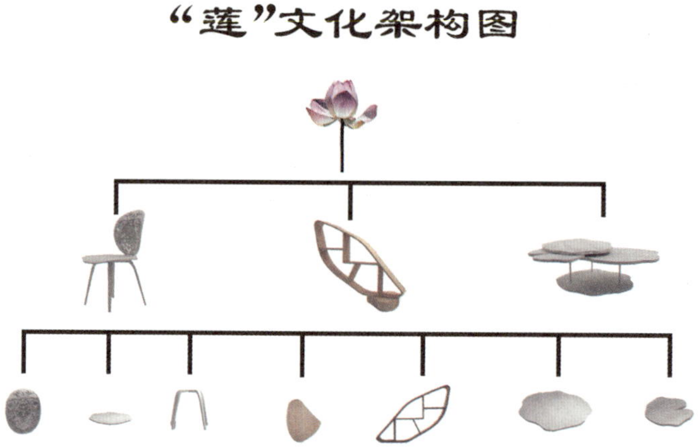

图 7-20　莲清如水架构图

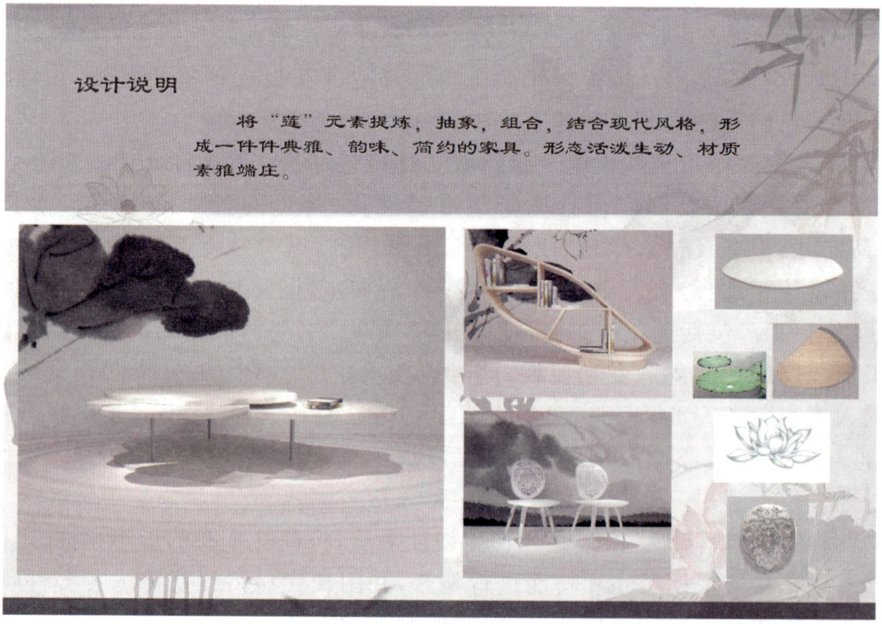

图 7-21　莲清如水 1

图 7-22 莲清如水 2

第四节 鄱阳湖候鸟文化与景区智能垃圾桶设计

一、鄱阳湖候鸟文化

鄱阳湖又称"鄱湖"，是中国第一大淡水湖，也是中国第二大湖。由于受暖湿东南季风影响，从而形成"泽国芳草碧，梅黄烟雨中"的湿润季风型气候，这里的环境和气候条件均适合候鸟越冬。每年秋末冬初，从世界各地飞来成千上万只候鸟到此过冬，鄱阳湖已成为世界上最大的鸟类保护区。

二、鄱阳湖花海

受降雨偏少、上游来水减少等因素影响，鄱阳湖每年都会出现严重低枯水位，即鄱阳湖的枯水期。枯水期时，鄱阳湖美丽的蓼子草花竞相开放，加上持续充足的光照，此时蓼子草花迅速进入盛花期，则会出现美丽至极的花海奇观。

这一自然美景却因游客数量的增多日渐消退——参观路线规划不合理以及游客随手丢弃垃圾，使蓼子草花被覆盖、踩踏，花海出现了污点甚至残缺。

三、鄱阳湖“花·鸟”智能户外垃圾桶

将“候鸟”和“花海”元素结合运用在产品外观、表面装饰及功能设计中：鄱阳湖景区内的“花·鸟”智能户外垃圾桶（图 7-23 和图 7-24），其外观造型是对鄱阳湖候鸟的仿生设计运用（图 7-23）；伴随着垃圾丢进垃圾桶内，垃圾桶表面将会绽开一朵朵漂亮的蓼子花（图 7-24），以倡导垃圾入桶的文明行为，既有高科技的智能体验的趣味性，又富有环保教育意义。

图 7-23 “花·鸟”智能户外垃圾桶

图 7-24 智能感应垃圾桶

第五节 婺源甲路油纸伞文化与多功能产品设计

伞是中国劳动人民的重要发明，诞生于春秋战国时期，最初是鲁班用木材制成的。当时，在制作和携带上较为不便，鲁班的妻子云氏便对其进行了改造。造纸术发明以后，油纸伞随之产生，由于轻巧耐用，便于携带，油纸伞很快便传开了。宋代相丞马廷鸾（甲路张氏女婿）逸居甲路时，从京城带了一把油纸伞。从此，心灵手巧的甲路人便不断改进工艺，世代相传油纸伞制作工艺。“景德镇的陶瓷，甲路的伞，扬州的女子不用拣”描述的正是婺源甲路油纸伞的当时之盛。

基于2016年艺术规划项目《江西城市公共设施产品地域文化特性研究》和2018年《探析婺源油纸伞元素在现代智能产品中的转化与呈现》双创训练项目，将油纸伞文化运用到现代产品设计中去，又将有怎样的视觉效果和市场效应呢？笔者就此展开研究及探索，取得以下相关成果：

一、智能灯具——伞・灯

作者将婺源甲路油纸伞元素与现代智能灯具产品相结合，由此产生的系列灯具产品——伞・灯（图7-25、图7-26）。根据使用者需求调节灯罩开启程度（如图7-27、图7-28所示），使灯具外观造型富有变化性的同时也能提供不同的照明强度。此设计在保留婺源油纸伞基本外观造型的基础上，实现了智能产品在造型、文化底蕴、功能、新型材料以及可调节结构等多样化因素的整合。该作品已取得了国家知识产权局的产品外观专利和实用新型专利授权。

图7-25 伞・灯

图 7-26 《伞・灯》版面设计图

图 7-27 《伞·灯》使用状态图 1

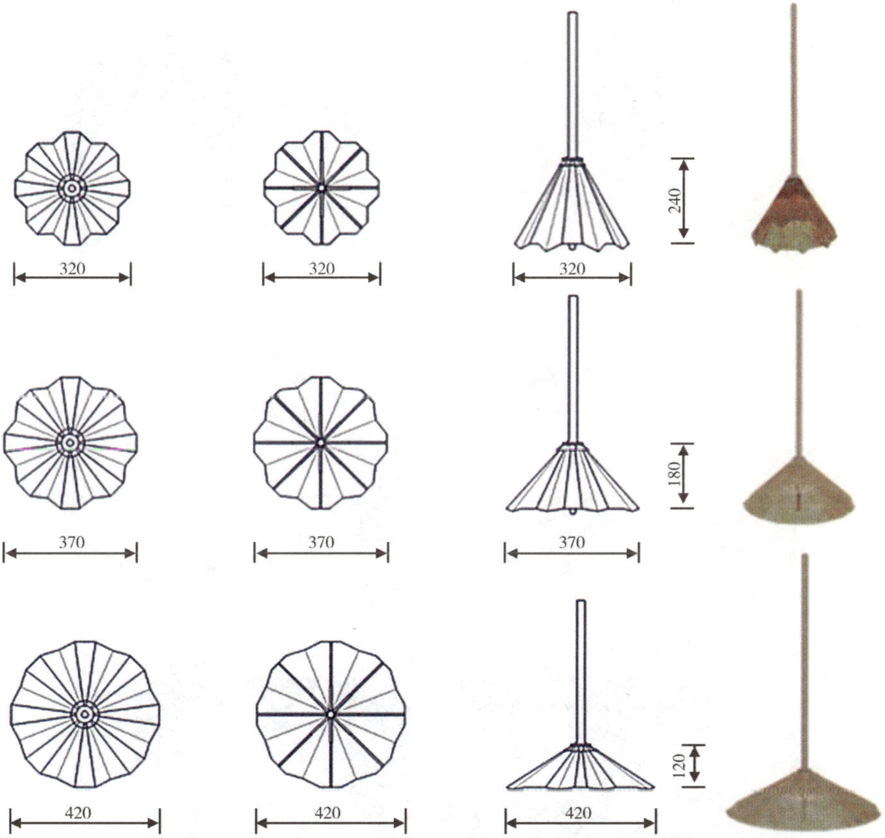

图 7-28 《伞·灯》使用状态图 2

二、多功能产品——灯具“竹包装”设计

婺源油纸伞的制作材料主要是竹木伞架和可收缩折叠的油纸。笔者将油纸伞材料的组合规律以及可伸缩折叠的结构特点解构出来，与多功能设计的现代理念相结合，设计出一款既能当作灯泡“竹包装”，又能展开变成灯罩使用，实现了包装产品循环再利用的多功能灯具和包装产品(图 7-29)。延长产品使用周期，实现了资源可持续性运用。该作品获得“2018 中国包装创意设计大赛”全国二等奖、2018 年第七届“汉腾汽车杯”·江西之星创意设计大赛金奖。

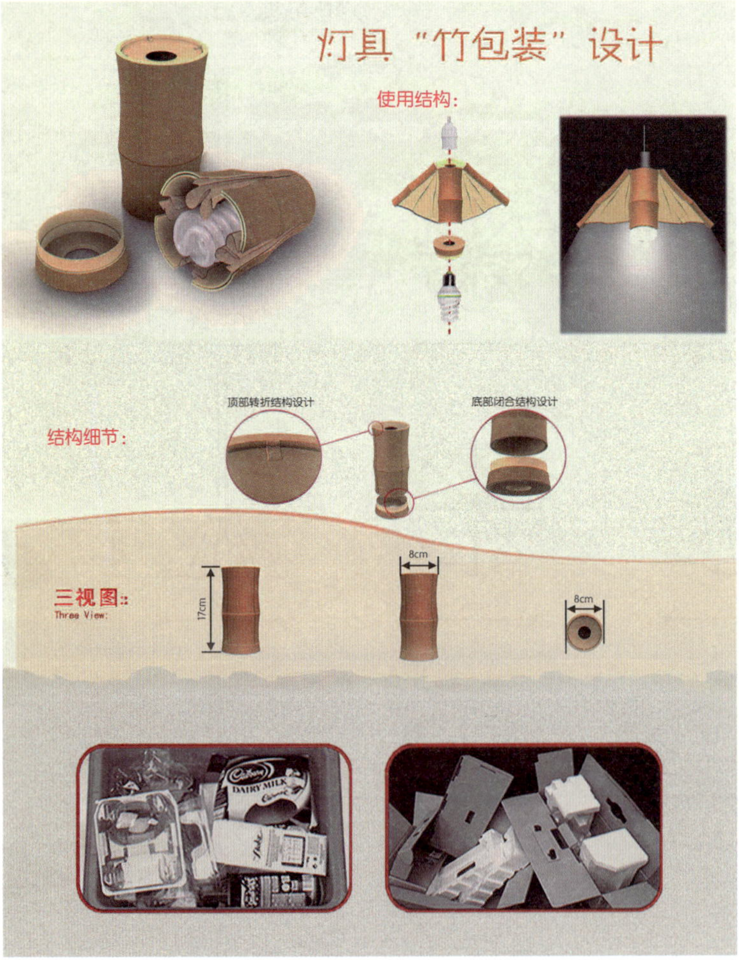

图 7-29　灯具“竹包装”设计

主要参考文献

[1]吴昌林,唐季冲.清初古文的地域性表述——以易堂九子为例[J].西华师范大学学报(哲学社会科学版),2018(3):36-42.

[2]肖芬.地域文化语境中的当代江西建筑创作[J].建筑与文化,2018(4):64-65.

[3]徐姗姗,罗文博.城市公共空间地域文化的阐扬与建构——以江西为例[J].江西社会科学,2018,38(2):243-248.

[4]陈海燕.现代文学中的江西地域书写[J].江西社会科学,2017,37(11):120-126.

[5]金阒,林芸.江西地域文化的基本特征与时代价值[J].老区建设,2017(20):30-32.

[6]陈海燕.论现代文学中的江西地域文化因素[J].江西科技师范大学学报,2017(5):113-117.

[7]赵勤,薄涛."红色"地域文化元素在江西城市形象设计中的运用[J].艺海,2017(7):105-106.

[8]周丽芸.基于江西地域文化视角下的休闲农业园景观设计[J].美与时代(城市版),2017(6):44-45.

[9]李志强,李玲.江西居民旅游休闲活动的影响机制及提升对策——基于地域文化视角[J].江西科技师范大学学报,2016(4):70-76.

[10]朱琪琪.基于CIPP评价模式下的江西师范大学来华留学生地域文化课的研究与思考[D].江西师范大学,2016.

[11]何静,王春平,周传艺.江西地域文化资源与文化产业发展研究——以景德镇陶瓷文化的产业化发展为例[J].价格月刊,2016(1):91-94.

[12]赵勤,黄琪."六色"地域文化元素在江西城市品牌视觉形象塑造中的运用[J].包装工程,2015,36(20):21-25.

[13]邹淑珍，陶表红，段婉君．地域文化特性与乡村居住空间构筑——以江西村落为中心[J]．江西社会科学，2014，34(10)：239-243.

[14]林晓津．江西：以地名规范为抓手提升地域文化软环境[N]．中国社会报，2012-10-30(004).

[15]江美玲．江西地域文化研究中的新开拓——读《咏赣唐诗征考》[A]．．艺海探真——论文论著选编[C]，2011：3.

[16]谢皓烨．论地域文化与元代江西诗学[J]．赣南师范学院学报，2010，31(5)：86-90.

[17]李泉．地域文化与区域经济互动发展刍议——以赣鄱文化与江西经济为例[J]．广东广播电视大学学报，2010，19(5)：100-103.

[18]陈洪英，任群英，朱小晶．因地制宜、突显地域文化——对外汉语教学江西地域特色探讨[J]．九江学院学报(哲学社会科学版)，2010，29(2)：117-118.

[19]涂云球．地域文化与赣商成长环境研究[D]．南昌大学，2010.

[20]刘凤，敖江彬．明代江西地域文化的特征及其成因分析[J]．成功(教育)，2017(9)：148-149.

[21]方志远，孙莉莉．地域文化与江西传统商业盛衰论[J]．江西师范大学学报(哲学社会科学版)，2017(1)：52-61.

[22] 刘林涛．文化自信的概念、本质特征及其当代价值[J]．思想教育研究，2016：21.

[23] 魏佐国．赣文化资源挖掘与江西软实力提升[J]．江西行政学院学报，2008：72.

图书在版编目(CIP)数据

江西地域文化与现代设计/肖丽著. —济南:山东大学出版社,2019.9

ISBN 978-7-5607-6472-6

Ⅰ. ①江… Ⅱ. ①肖… Ⅲ. ①地方文化—关系—工业产品—产品设计—研究—江西 Ⅳ. ①G127.56②TB472

中国版本图书馆 CIP 数据核字(2019)第 245211 号

责任策划:毕文霞
责任编辑:张　瑞　胡泽雨
封面设计:张　荔

出版发行:山东大学出版社
社　　址　山东省济南市山大南路 20 号
邮　　编　250100
电　　话　市场部(0531)88363008
经　　销:新华书店
印　　刷:山东和平商务有限公司
规　　格:720 毫米×1000 毫米　1/16
11 印张　234 千字
版　　次:2019 年 9 月第 1 版
印　　次:2019 年 9 月第 1 次印刷
定　　价:45.00 元

版权所有,盗印必究

凡购本书,如有缺页、倒页、脱页,由本社营销部负责调换